职业教育·城市轨道交通类专业教材

城市轨道交通消防系统

主　编　郑　枫
副主编　黄　辉　高亚南　成春燕
　　　　林清丽　冯　炜
主　审　姬广凡

人民交通出版社
北　京

内 容 提 要

本教材是职业教育城市轨道交通类专业教材。其主要内容包括：城市轨道交通消防系统概述、火灾自动报警系统、防排烟系统、消火栓系统、自动喷水灭火系统、细水雾灭火系统、气体灭火系统、灭火器及其他消防设备、消防系统安全管理与自救。

本教材可作为城市轨道交通职业院校城市轨道交通运营管理、城市轨道交通机电技术、城市轨道交通供配电技术等专业学生的教材，也可作为城市轨道交通职工的岗前应会培训教材及消防从业人员的学习资料。

本教材配教学课件，任课教师可加入"职教轨道教学研讨群"获取（教师专用QQ群号：129327355）。

图书在版编目(CIP)数据

城市轨道交通消防系统/郑枫主编. —北京：人民交通出版社股份有限公司,2024.8
ISBN 978-7-114-19243-2

Ⅰ.①城… Ⅱ.①郑… Ⅲ.①城市铁路—轨道交通—火灾监测—自动报警系统—职业教育—教材 Ⅳ.①U239.5

中国国家版本馆 CIP 数据核字(2024)第 017635 号

职业教育·城市轨道交通类专业教材
Chengshi Guidao Jiaotong Xiaofang Xitong

书　名：	城市轨道交通消防系统
著 作 者：	郑　枫
责任编辑：	司昌静
责任校对：	赵媛媛　魏佳宁
责任印制：	刘高彤
出版发行：	人民交通出版社
地　　址：	(100011)北京市朝阳区安定门外外馆斜街 3 号
网　　址：	http://www.ccpcl.com.cn
销售电话：	(010)59757973
总 经 销：	人民交通出版社发行部
经　　销：	各地新华书店
印　　刷：	北京印匠彩色印刷有限公司
开　　本：	787×1092　1/16
印　　张：	11.75
字　　数：	270 千
版　　次：	2024 年 8 月　第 1 版
印　　次：	2024 年 8 月　第 1 次印刷
书　　号：	ISBN 978-7-114-19243-2
定　　价：	45.00 元

(有印刷、装订质量问题的图书，由本社负责调换)

前 言
PREFACE

  本教材自 2022 年 8 月筹备编写。党的二十大召开后，编写团队认真系统地学习了大会报告，尤其是反复研读了报告中关于"实施科教兴国战略，强化现代化建设人才支撑"的重要论述。编写团队通过学习报告，对国家大政方针的系统性、延展性有了更深的认识；通过学习职业教育改革发展的重要文件，领会到职业教育教师的职责所在，梳理了职业教育教材建设的根本要求，更加明确了编写的方向和方法。

  本教材将专业精神、职业精神和工匠精神融入教材内容，强化学生职业素养养成，立足于工匠精神培育，凸显职业教育特色，坚持将思想教育、专业教育与创新教育紧密结合；将消防设施操作员国家职业资格证考试的考点要求融入教学内容，实现"岗课赛证"融通，注重高职学生实践技能的传授与培养。本教材采取校企合作、联合开发的方式，每个教学单元均设置知识目标、能力目标、素质目标，在课程单元后附有技能实训项目，学生可以根据技能实训任务实施引导完成实训任务及考核评价。技能实训任务的使用可以根据专业要求或教学需要，同时结合地方区域发展的实际需求选择性使用，做到活学活用，全方位调动学生的学习积极性。学生通过资料查找等手段获取信息，通过小组展示、调研报告撰写、PPT 汇报、现场操作比赛等多种手段提高综合能力。本教材的编写注重调动学生自主学习的积极性，不但鼓励学生动手实操，而且注意理论知识的讲授，提高学生的理论修养，使学生知其然也知其所以然。

  城市轨道交通具有节能、运量大、全天候、无污染（或少污染）、安全环保等特点，属于绿色环保交通体系。由于城市轨道交通建筑结构特殊，其站台、站厅和通行路线一般处于地面以下，运营线路较长，客流量大，人流高度集中，若发生火灾得不到有效控制，后果将不堪设想，其消防安全越来越受到社会的广泛关注。

党和国家对关乎人民生命财产安全的消防工作高度重视。重新修订的《消防设施操作员（2019年版）》国家职业技能标准已于2020年1月起实施。《中华人民共和国消防法》（2021年修正）、《地铁设计规范》（GB 50157—2013）、《地铁设计防火标准》（GB 51298—2018）、《城市轨道交通工程项目规范》（GB 55033—2022）等法规、标准、规范的更新发布都为城市轨道交通消防工作的健康稳定发展提供了政策法规支撑。

为满足城市轨道交通人才培养的需求，教材编写组结合近年来城市轨道交通实际要求，对标国家最新颁布的法律规范、消防设施操作员岗位职业要求，编写完成本教材。编写组与城市轨道交通企业、设计院密切合作，紧跟前沿技术，增加了新技术、新方法，对老旧的操作方法、技术要求等予以删除，提高了教材内容的先进性。

本教材的每个小单元为一个任务单元，通过任务陈述—知识准备—任务实施来实现任务目标，层次清晰，逻辑清楚。本教材是山东省职业教育精品资源共享课程的配套教材。资源共享课建构的"纵向深化，横向拓展"课程资源，有力地支撑了学生的学习。本教材结合实际需求增加了城市轨道交通相关设施的施工图识读等拓展知识，以满足不同学习者的需求。

本教材由山东职业学院郑枫负责统稿。具体编写分工如下：单元1、单元4至单元6、单元8由山东职业学院郑枫编写；单元2由山东职业学院林清丽编写；单元3由山东职业学院高亚南、浙江省台州市畅行轨道交通运营管理有限公司冯炜编写；单元7由山东职业学院郑枫、磐龙安全技术有限公司黄辉编写；单元9由济南工程职业技术学院成春燕编写，技能实训9.1由山东职业学院匡荣杰编写。济南工程职业技术学院冯钢提供了单元4.2的消火栓灭火系统及单元4.3自动喷水灭火系统的施工图。磐龙安全技术有限公司黄辉统筹完成全书动画制作，并提供部分图片。中国铁路公司第二设计院姬广凡担任主审。

本教材可作为城市轨道交通大专院校城市轨道交通运营管理、城市轨道交通机电技术、城市轨道交通供配电技术等专业学生的教材，也可作为城市轨道交通职工的岗前应会培训教材及消防从业人员的学习资料。

由于时间仓促，加之编者水平有限，教材中难免出现不足之处，敬请广大读者批评指正。

作　者

2024年2月

目 录
CONTENTS

单元 1　城市轨道交通消防系统概述　/1

单元 1.1　城市轨道交通火灾的特点 ·· 2
单元 1.2　城市轨道交通消防系统的分类及组成 ··· 5
单元 1.3　城市轨道交通的防火要求 ··· 10
技能实训 1.1　城市轨道交通地下车站消防系统认知 ································ 13

单元 2　火灾自动报警系统　/15

单元 2.1　燃烧与火灾发生的过程 ·· 16
单元 2.2　火灾自动报警系统的组成与系统形式 ······································· 20
单元 2.3　火灾自动报警系统的设备 ··· 25
技能实训 2.1　手动火灾报警按钮的启动与复位 ······································· 39

单元 3　防排烟系统　/41

单元 3.1　防排烟系统的作用与分类 ··· 42
单元 3.2　防火分区与防烟分区 ··· 46
技能实训 3.1　防火卷帘的基本操作 ·· 54

单元 3.3　防排烟系统的设备及部件 ·· 56
单元 3.4　城市轨道交通通风防排烟系统运行模式 ·································· 59
技能实训 3.2　模拟站台门系统站厅火灾工况下防排烟系统
　　　　　　　运行模式基本操作 ·· 63

单元4　消火栓系统　/65

单元 4.1　消火栓系统的组成与分类 ·· 66
技能实训 4.1　教学楼室内外消火栓系统认知 ······································ 75
技能实训 4.2　地铁火灾案例分析 ·· 77
单元 4.2　室内临时高压消火栓系统灭火操作 ····································· 79
技能实训 4.3　室内临时高压消火栓系统灭火基本操作 ·························· 83
单元 4.3　消火栓系统施工图 ·· 85
技能实训 4.4　消火栓系统施工图识读 ·· 92

单元5　自动喷水灭火系统　/94

单元 5.1　自动喷水灭火系统的分类与组成 ··· 95
技能实训 5.1　自动喷水灭火系统设备认知 ······································· 106
单元 5.2　自动喷水灭火系统的操作 ··· 109
单元 5.3　自动喷水灭火系统施工图 ··· 110
技能实训 5.2　自动喷水灭火系统施工图识读 ···································· 113

单元6　细水雾灭火系统　/115

单元 6.1　细水雾灭火系统的灭火机理及分类 ····································· 116
单元 6.2　细水雾灭火系统的特性与工作原理 ····································· 118
技能实训 6.1　闭式高压细水雾灭火系统认知 ···································· 125

单元7　气体灭火系统　/127

单元 7.1　气体灭火系统的灭火机理及组成 ·· 128
技能实训 7.1　组合分配式气体灭火系统结构认知 ······························· 137

单元 7.2　气体灭火系统的形式与工作原理 …………………………………… 139
技能实训 7.2　气体灭火控制器基本操作认知 ……………………………… 143
单元 7.3　气体灭火系统的操作 ……………………………………………… 146
技能实训 7.3　单区域报警时气体灭火系统的基本操作 …………………… 150

单元 8　灭火器及其他消防设备　/152

单元 8.1　灭火器 ……………………………………………………………… 153
技能实训 8.1　灭火器的认知、选择与基本操作 …………………………… 161
单元 8.2　城市轨道交通其他消防设备 ……………………………………… 163

单元 9　消防系统安全管理与自救　/166

单元 9.1　消防安全管理制度 ………………………………………………… 167
单元 9.2　自救逃生器材 ……………………………………………………… 173
技能实训 9.1　过滤式消防自救呼吸器、防毒面具、
　　　　　　　灭火毯的基本使用操作 …………………………………… 176

参考文献　/178

单元 1

城市轨道交通消防系统概述

单元概述

城市轨道交通作为一种运能大、速度快、准时环保的交通方式，日益成为广大市民出行的首选交通方式，深受市民欢迎。便捷的城市轨道交通运营网络在为市民带来出行便利的同时，也为城市轨道交通运营部门带来了新的管理课题。

预防火灾、及时有效地扑灭火灾、保证乘客的生命安全是城市轨道交通运营管理的重要工作之一。本单元从城市轨道交通火灾的特点，城市轨道交通消防系统的分类、组成，以及城市轨道交通的防火要求等方面，对城市轨道交通消防系统做了概括性介绍。

学习目标

目标要求	知识目标	1. 熟悉城市轨道交通火灾的特点及影响因素。 2. 熟悉城市轨道交通消防系统的分类及组成。 3. 了解城市轨道交通火灾救援的难点、防火相关要求。 4. 掌握我国对火灾的分类要求。
	能力目标	1. 通过搜集、访问相关网站等方法培养快速收集信息的能力；通过撰写调查报告、现场讲解等锻炼，提升对文字等的组织能力及语言表达能力。 2. 通过火灾经典案例分析，提升综合分析判断、举一反三的能力。 3. 通过实训操作提升动手能力。
	素质目标	1. 通过对信息的学习、处理，培养主动学习的习惯、耐心细致的工作作风。 2. 通过体验城市轨道交通消防的日常管理工作，增强责任意识，养成严谨认真的工作作风，提升职业素养。 3. 通过本单元引导案例的学习，树立"生命至上"的意识。

单元 1.1　城市轨道交通火灾的特点

任务陈述

熟悉城市轨道交通火灾的影响因素，熟悉火灾事故救援的难点，掌握火灾的分类方法。

知识准备

随着城市的不断发展，快捷、安全的城市轨道交通系统已成为人们出行重要的交通方式。保障人们的出行安全对城市轨道交通运营来讲至关重要。面对国内外城市轨道交通消防事故所造成的重大人员、财产损失的教训，国家和有关部门对城市轨道交通火灾消防建设与安全管理做出了进一步规范，颁布了一系列法律、规范等，对保证及时、有序、高效、妥善地处置城市轨道交通事故，最大限度地减少人员伤亡和财产损失，维护社会稳定，支持和保障经济发展发挥了重要作用。基于地下车站及区间的特殊性，本教材重点阐述城市轨道交通地下部分（车站、区间）的消防系统。

一、城市轨道交通火灾影响因素分析

通过分析近年来世界各地城市轨道交通火灾事故的原因，城市轨道交通火灾影响因素主要有设备因素、人为因素、环境因素等。

（一）设备因素

城市轨道交通车站设有大量变配电、通信、信号、火灾自动报警、自动检售票、环控系统等设备，区间隧道内敷设有各种电气线路、电缆，运行列车设有电机电器、高压电缆、润滑油料等设备设施。电气线路的短路、过负荷、漏电，电气设备的违章使用等都容易引发电气火灾。电气设备因素引发的城市轨道交通火灾占总火灾数量的50%以上，应当引起我们的足够重视。

（二）人为因素

城市轨道交通系统客流量大，人员密集，潜藏着很多火灾危险因素。人为因素主要包括工作人员违章操作、乘客携带易燃易爆物品、人为纵火等。

（1）相关作业人员和管理人员的操作失误，如城市轨道交通施工期间，作业人员违规焊接、切割产生的火花点燃附近施工现场的建筑材料。

（2）列车运营期间，司机疲劳驾驶导致车辆操作失误，机械碰撞产生火花等引起火灾。

（3）部分乘客缺乏安全意识、无视乘车制度，在站内抽烟或擅自携带易燃易爆物品引发火灾。

（4）个别人员在城市轨道交通车站内纵火或引爆爆炸物品引发火灾。

(三) 环境因素

城市轨道交通内部空间封闭，通风不畅、洞体散热不良等造成内部温度升高较快，同时逃生通道比普通地面建筑少造成人员逃生较为困难。地下湿气不易排出，相对湿度较大，城市轨道交通内部老鼠等小动物啃咬电缆、电线等都会造成电气设备、线路绝缘性能下降，可能造成设备的短路，从而引发火灾。

二、城市轨道交通火灾事故救援的难点分析

城市轨道交通系统的结构复杂、环境密闭、设备集中、人员密度大，发生火灾后扑救困难，需要引起足够的重视。

(一) 疏散难度大

1. 日常客流量大

结合国内的上下班、节假日等时间，各城市轨道交通企业在运营周期内都存在早、晚高峰等大客流时段。交通运输部公布的中心城市客运量统计数据显示，国内各大轨道交通公司的运营压力均比较大。

2. 垂直高度深、逃生途径少、营救路线单一

地下车站和地下区间是通过挖掘的方法获得建筑空间的，隧道的外围是土壤和岩石。地下车站的通道作为出入口，不像地面建筑有门、窗等可与大气相通，由于城市轨道交通的出入口数量有限，而且出入口有可能成为火灾时的溢出口，消防人员不易接近着火点；突发火灾事故后，通信信号受到影响，使得地下空间扑救人员与地面指挥人员通信、联络较困难，也给消防扑救工作增加了障碍。

3. 人员疏散困难

火灾事故突发于站台（厅）或列车内时，首先，乘客不熟悉灾害环境，极易产生恐慌及焦虑情绪，乘客集中拥向出口处，极易发生踩踏事件。其次，城市轨道交通运营环境的特殊性决定了乘客安全逃生通道的单一性，同时自下而上的疏散线路与车站内浓烟和热气流的流动方向一致，而烟气流动速度较快又较难控制，给人员疏散和救援带来很大困难；最后，若火灾事故发生在隧道区间，由于隧道区间疏散通道狭窄、逃生路线较长等，人员疏散也较困难。

4. 允许逃生时间短

针对城市轨道交通火灾事故，有关部门曾做过试验，在测试车厢内的材料是不易燃烧性材料时，起火后，快则1min，慢则8min，就会产生对人体有害的气体，2~5min内，车厢内将烟雾弥漫，将使人员无法看清逃生出口。在正常运营的城市轨道交通车辆内，乘客的衣物等易燃物一旦被引燃，火势可在更短的时间内扩大，允许逃生的时间会更短。

(1) 烟气的危害：当火场中充斥着烟气时，能见度往往只有几十厘米甚至是漆黑一片，人们往往会感到恐惧、不知所措，很难保持冷静，很容易发生人员踩踏事件，造成严重的后果。同时，烟气中的一些气体对眼睛有很强的刺激性，如氯化氢、氨气、氟化氢、

二氧化硫等,大大降低了人们的移动速度。

(2) **热危害**:当火灾发生时,伴有巨大的热量释放,火场温度会迅速升高,大量高温烟气会灼伤呼吸道;此外,高温的烟气还会通过对流和辐射等作用对人体皮肤表面造成损伤。

(3) **毒性危害**:首先,燃烧需要消耗氧气,当空气中大量的氧气被消耗,无法满足人类正常的生理需求时,人们会由于缺氧而感到恐慌和窒息,氧气的减少也会使人们的行动能力降低。有研究表明,当空气中氧气含量降至15%时,人体肌肉活动能力下降;降至10%~14%时,人会感到四肢无力,判断能力弱,易迷失方向;降至6%~10%时,人即会晕倒,失去逃生能力;降到5%以下时,人会立即晕倒或死亡。

5. 高温烟气影响疏散

烟是物质在燃烧反应过程中热分解生成的含有大量热量的气态和固态物质与空气的混合物。建筑材料、衣服、纸张等可燃物在火灾时受热分解,与空气中的氧气迅速反应,会发生完全燃烧或不完全燃烧,产生的物质有一氧化碳、二氧化碳、水、有机酸、酮类、多环芳香族、焦油等物质。有毒气体的毒害作用主要表现在两个方面,即窒息性和刺激性。烟中的气体并不都是有毒的,但是即使无毒气体也会妨害人的呼吸,降低空气中氧气的浓度,造成人体缺氧甚至窒息死亡。

按照国家标准《火灾分类》(GB/T 4968—2008)的规定,火灾分为A类、B类、C类、D类、E类和F类六类。

A类火灾:固体物质火灾,通常具有有机物性质,一般在燃烧时产生灼热的余烬,如木材、棉、干草、煤炭、毛、麻和纸张等物质的火灾。

B类火灾:液体火灾或可熔化的固体物质火灾,如汽油、煤油、原油、乙醇、沥青和石蜡等物质的火灾。

C类火灾:气体火灾,如煤气、天然气、液化石油气、甲烷、乙烷、丙烷和氢等气体燃烧或爆炸发生的火灾。

D类火灾:金属火灾,如钾、钠、镁、钛、锂和铝镁合金等物质的火灾。

E类火灾:带电火灾,即物体带电燃烧的火灾,如图1-1所示。

图1-1 带电火灾

F类火灾:烹饪器具内的烹饪物(如动植物油脂)火灾。

（二）扑救难度大

（1）地下车站及区间等空间有限、出入口少、通道狭窄，且疏散距离长，因此，组织扑救和撤离困难。

（2）由于地下空间有限，大型灭火设备较难进入现场，进入人员因烟热作用，不易接近起火部位，延长了扑救时间。

（3）地下车站及隧道区间空间较狭小，热交换能力较差。地上建筑发生火灾后，热量可以通过门窗等扩散至大气，而地下空间热量及有毒烟气不易散出，同时地下空间烟气流向复杂多变，对救援和逃生影响较大。

（4）隧道火灾多半是不完全燃烧，会产生大量烟雾以及一氧化碳等有害气体，若疏散不及时，将导致中毒或窒息，增加了救援的难度。

随着科学技术的不断进步，火灾的预防手段越来越先进，火灾预防措施也更加及时有效，火灾发生的次数及程度都有明显降低，但仍然不能杜绝。《中华人民共和国消防法》（2021 年修订版）在总则中规定："消防工作贯彻预防为主、防消结合的方针，按照政府统一领导、部门依法监管、单位全面负责、公民积极参与的原则，实行消防安全责任制，建立健全社会化的消防工作网络，确立了消防工作的方针、原则、责任制。""预防为主，防消结合"是主动积极的消防工作方针，这要求城市轨道交通设计、建设、监督、运营等部门人员密切配合，这对保障人员生命安全、保证城市轨道交通运营安全具有极其重要的意义。

任务实施

查阅资料，完成近 10 年世界范围内城市轨道交通火灾统计，并简述火灾产生的原因，完成调查报告（字数控制在 500 字左右）。

单元 1.2　城市轨道交通消防系统的分类及组成

任务陈述

初步了解城市轨道交通消防系统的分类及基本组成部分。

知识准备

一、城市轨道交通消防系统的分类

按建筑形式和布置的不同，城市轨道交通消防系统可以分为地下车站消防系统、地下区间消防系统、地面和高架车站消防系统、地面和高架区间消防系统、停车场消防系统、控制中心消防系统和主变电站消防系统。按消防对象的不同，城市轨道交通消防系统可分为公共区域消防系统、管理用房消防系统和设备用房消防系统。

城市轨道交通消防系统分类如图 1-2 所示。

地下车站消防系统

地下区间消防系统

地面和高架车站消防系统

地面和高架区间消防系统

停车场消防系统

控制中心消防系统

主变电站消防系统

图1-2 城市轨道交通消防系统分类

二、城市轨道交通消防系统的组成

城市轨道交通消防系统主要由火灾自动报警系统、消火栓系统、自动喷水灭火系统、气体灭火系统、灭火器、防火分隔设施及防排烟系统、应急照明及疏散指示系统、消防通信系统等组成。

（一）火灾自动报警系统

《火灾自动报警系统设计规范》（GB 50116—2013）规定，火灾自动报警系统是探测火灾早期特征、发出火灾报警信号，为人员疏散、防止火灾蔓延和启动自动灭火设备提供控制与指示的消防系统。火灾自动报警系统由火灾报警主机、感烟探测器、感温探测器、手动报警器、声光报警器、输入/输出控制模块等组成。火灾自动报警系统应具备火灾自动报警、手动报警，通信和网络信息报警功能，并应实现火灾救灾设备的控制及与相关系统的联动控制。城市轨道交通火灾自动报警系统（FAS）系统设置两级（中央级、车站级）管理和三级（中央级、车站级、现场级）控制，车站级火灾自动报警系统构成框图如图1-3所示。

车站、区间隧道、区间变电所及系统设备用房、主变电所、集中冷站、控制中心、车辆基地等处应设置火灾自动报警系统。

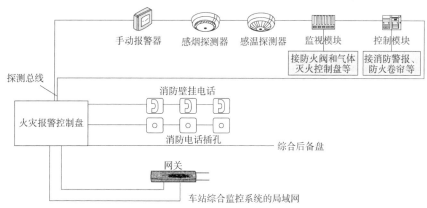

图 1-3　车站级火灾自动报警系统构成框图

（二）消火栓系统

消火栓系统是扑救、控制建筑初期火灾的主要设施之一，它以水为灭火介质，具备灭火、控火和冷却防护等功能。消火栓系统由消防泵、消防系统管网、消火栓箱及系统附件等组成。消火栓系统图如图 1-4 所示，消火栓箱如图 1-5 所示。

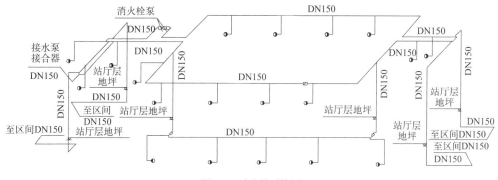

图 1-4　消火栓系统图

（三）自动喷水灭火系统

自动喷水灭火系统是扑救、控制建筑初期火灾的有效灭火设施之一。自动喷水灭火系统由喷头、水流报警装置（水流指示器、压力开关）、报警阀组、喷淋泵等组件、管道系统、供水设施等组成。自动喷水灭火系统如图 1-6 所示。

图 1-5　消火栓箱

图 1-6　自动喷水灭火系统

(四)气体灭火系统

气体灭火系统是指灭火介质为气体灭火剂的灭火系统。气体灭火系统具有灭火效率高、灭火速度快、电绝缘性好、对保护对象无污损等优点。按灭火剂种类的不同,气体灭火系统可分为以七氟丙烷为代表的卤代烃灭火系统、以 IG541 为代表的惰性气体灭火系统以及二氧化碳灭火系统等。气体灭火系统由火灾探测器、气体灭火控制器、储气钢瓶、驱动气体瓶组、选择阀及系统管网、喷嘴等组成。气体灭火系统如图 1-7 所示。

图 1-7　气体灭火系统

(五)灭火器

《地铁设计防火标准》(GB 51298—2018)规定,除区间外,地铁工程内应配置建筑灭火器。车站内的公共区、设备管理区、主变电所和其他有人值守的设备用房,应按现行国家标准《建筑灭火器配置设计规范》(GB 50140)规定的严重危险级配置灭火器。站厅公共区、出入口通道及设备区一般将灭火器设置于带灭火器的消火栓箱中。距离不足的地方,单独补充设置灭火器箱。带灭火器的消火栓箱如图 1-8 所示,灭火器箱如图 1-9 所示。

图 1-8　带灭火器的消火栓箱　　　　图 1-9　灭火器箱

（六）防火分隔设施及防排烟系统

防火分隔设施主要由防火墙、防火门、防火窗、防火卷帘等组成。防火分隔设施能在一定的时间内阻止火势从一个空间向另一个空间蔓延。挡烟垂壁是一种防火分隔设施，如图1-10所示。防烟系统是指采用机械加压方式送风，防止烟气进入楼梯间、前室、避难层（间）等空间的系统。排烟系统是指采用机械排烟方式，将房间、过道等空间的烟气排至建筑物外的系统。防排烟系统由风口、风阀、风机、风道以及相应的控制系统等组成。防排烟系统如图1-11所示。

图1-10　挡烟垂壁

图1-11　防排烟系统

（七）应急照明及疏散指示系统

应急照明及疏散指示系统是用于建筑内人员安全疏散、逃生、避难和消防作业等应急行动的重要消防设施。发生火灾事故时，应急照明及疏散指示系统可以为人员的安全疏散、逃生指示疏散路线并提供必要的照明，同时可为灭火的救援工作提供持续照明。消防疏散指示标志如图1-12所示。

（八）消防通信系统

消防通信系统应具备火灾时提供防灾通信的功能。消防通信系统包括消防专用电话、防灾调度电话、消防无线通信、视频监视及消防应急广播等。控制中心的消防值班室、车站控制室、车辆基地的消防控制（值班）室应设置消防专用电话总机，消防水泵房、变配电室、通风和排烟机房及其他与消防联动控制有关的机房、自动灭火系统手动操作装置及区域报警控制器或显示器处应设消防专用电话分机。

防灾调度电话系统和防灾无线通信系统是城市轨道交通内部全线防灾的通信工具，便于消防救灾时专业消防人员之间及与地面消防部门的通信联络。视频监视系统应为控制中心调度员、各车站值班员、列车司机等提供列车运行、防灾、救灾以及乘客疏导等方面的视觉信息。消防应急广播系统可以保证控制中心调度员和车站值班员向乘客通告列车运行及安全、向导、防灾等服务信息，并应向工作人员发布作业命令和通知，以利于指挥和引导人员有序疏散。消防应急广播系统由控制装置和广播扬声器（音箱）等组成。消防广播系统如图1-13所示。

 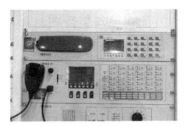

图 1-12　消防疏散指示标志　　　　图 1-13　消防广播系统

消防应急照明和疏散指示系统概述及分类　　疏散照明灯具设置要求　　消防应急广播概述、经典示例

任务实施

前往城市轨道交通实训场或者乘坐地铁时观察城市轨道交通车站，实地探究城市轨道交通消防系统的组成。

单元 1.3　城市轨道交通的防火要求

任务陈述

了解城市轨道交通建筑防火、车辆防火、机电设备防火的要求，完成城市轨道交通地下车站消防系统认知。

知识准备

我国《地铁设计规范》（GB 50157—2013）、《地铁设计防火标准》（GB 51298—2018）、《城市轨道交通工程项目规范》（GB 55033—2022）等规范对城市轨道交通建筑、车辆、机电设备等提出了具体的防火要求。

一、城市轨道交通建筑防火

车站建筑物的结构材料、内部装饰材料必须使用不燃材料；车站公共区的广告灯箱、休闲椅、电话亭、售（检）票机等固定服务设施的材料应采用低烟、无卤的阻燃材料；区间隧道左右线之间应设置联络通道，联络通道内应设甲级防火门。

二、城市轨道交通车辆防火

城市轨道交通车辆防火主要是指城市轨道交通车辆设施和内部装饰、车辆电气配置、应急等的防火。

（1）车辆及其内部设施应采用不燃材料或低烟、无卤的阻燃材料。车辆的电气线路必须是不燃材料或低烟、无卤的阻燃材料。

（2）车辆设置的蓄电池容量应能满足紧急状态下车门控制、应急照明、外部照明、车载安全设备、广播、应急通风等系统的供电要求。用于地下运行的车辆，蓄电池容量应保证供电时间不小于45min，用于地面或高架线路运行的车辆，蓄电池容量应保证供电时间不小于30min。

（3）车辆内部的电气设备应有可靠的保护接地。列车上应设置独立的紧急制动按钮。车辆上应设置紧急通风装置、应急照明、火灾应急广播、乘客与司机直接联系的通话设施、司机与车站控制中心通话报告的设备等。

（4）驾驶室至少设置1个灭火器，每节车厢设置不少于2个灭火器。

（5）地下运行的车组，各车厢应贯通；当不设置纵向疏散平台时，列车两头应有应急疏散条件和设施。

三、城市轨道交通机电设备防火

城市轨道交通机电设备系统包括供电系统、通信系统、信号系统、通风空调与采暖系统、自动售检票系统、自动扶梯、电梯、站台门、环境与设备监控系统、火灾自动报警系统等，防火要求如下：

（1）牵引供电系统、自动售检票系统、消防用电设备等应为一级负荷，应有可靠的备用电源。在地下使用的电气设备及材料，应选用低损耗、低噪声、防潮、无自爆、低烟、无卤、阻燃或耐火的定型产品。

（2）当列车在隧道发生火灾事故时，通风系统应对事故发生位置进行有效的通风、排烟，区间两端隧道风机应采用一送一排方式，保证隧道内有一定的新风量。隧道的排烟设备应保证在150℃时能连续有效工作1h，地下车站公共区和设备与管理用房的排烟设备应保证在250℃时能连续有效工作1h，地面及高架车站公共区和设备与管理用房的排烟风机应保证在280℃时能连续有效工作0.5h。

（3）车站的站厅层、站台层、设备层、地下区间及长度大于30m的人行通道均应设置室内消火栓。车站的室内消火栓布置应保证同一个防火分区同层有两支水枪的充实水柱同时到达任何部位，水枪的充实水柱长度不应小于10m。设有消火栓系统的车站，应设水泵接合器。

（4）地下车站的变电所、通信设备室、信号设备室等处应设气体灭火系统。

（5）在火灾紧急状态下，所有检票机闸口均应处于自由开启状态，允许乘客快速通过；站台门应设置应急门；可在站台侧或轨道侧手动打开或关闭每一扇滑动门，供火灾等紧急情况下逃生使用。

（6）电梯应能自动运行到设定层，并打开电梯门。

任务实施

完成技能实训1.1 城市轨道交通地下车站消防系统认知。

课后自学

观看视频：消防应急标志灯具，消防应急标志灯具的设置要求，消防应急照明和疏散指示系统选型及应用，应急照明、疏散照明、备用照明、安全照明，应急照明的回路为什么不能设置电源插座，正常照明和应急照明合用系统，完成下列习题。

1. 消防应急标志灯具的常见类型有哪些？生活中你遇到过哪几种？
2. 为什么说消防应急照明灯具的设置场所包含了灯光疏散指示标志的场所？
3. 疏散指示标志的安装高度很低（_____ m 以下），容易被小朋友误动。
4. 应急照明灯的安装位置在墙面的上部或_____上，不会被人误动。为方便维修和更换，一般_____（会、不会）设置专用的插座。
5. 一般只有_____式的应急照明灯才会配置专用插座。
6. 根据《建筑照明设计标准》（GB 50034—2013）的要求，应急照明是指因_____照明的电源失效而启用的照明。应急照明包括_____照明、_____照明和安全照明。

 职业要求

一、职业意识

树立安全意识、责任意识。

二、引导问题

你对"工作就是混口饭吃"这种观点有何评价？

三、引导案例

通过检索，查找大兴安岭"5·6"特大森林火灾的相关资料。

四、问题思考

1. 1987 年 5 月 6 日，汪玉峰、王宝晶等人因在林中违反操作规程使用割灌机及在野外吸烟，造成重大人员财产损失。结合案例，谈谈你对安全意识、责任意识的理解。
2. 结合城市轨道交通消防的要求，以小组为单位，以某一地铁火灾为例，谈谈你对"安全意识、责任意识"的理解，梳理要点，以备下次课提问。

技能实训1.1　城市轨道交通地下车站消防系统认知

◆ **技能实训任务实施**

任务名称	城市轨道交通地下车站消防系统认知	任务编号	1.1
任务说明	一、任务要求 在城市轨道交通实训中心（到就近的地铁公司参观学习或通过检索学习网络视频），完成城市轨道交通地下车站消防系统的构成等认知。 二、任务实施目的 通过认知地下车站消防系统，从整体上构建城市轨道交通消防系统基本体系。			
任务资料	资料：实训中心城市轨道交通实训场部分场景（防排烟系统实训场如图1-14所示，气体灭火实训室如图1-15所示）。  图1-14　防排烟系统实训场 　　　　图1-15　气体灭火实训室			
任务实施	城市轨道交通地下车站消防系统认知引导问题 1. 根据在实训中心（地铁公司参观或网络学习）所见，简述地下车站公共区域消防系统有哪些。 2. 简述地下车站设备与管理用房区域消防系统有哪些。 3. 为何地下车站公共区域的消防系统与设备及管理用房区域的会有不同？谈谈你的认识。			

续上表

任务名称	城市轨道交通地下车站消防系统认知		任务编号	1.1
任务实施	4. 对比地下车站与地面车站消防系统的组成有何不同，试说明原因。 5. 拓展任务：通过资料查找，谈谈近年来针对地铁火灾研发了哪些新设备、新材料。			
	通过学习，谈谈你对城市轨道交通消防系统的认识，完成分析报告。（字数不少于200字）			

◆ **技能实训任务考核**

班级：_____ 姓名：_____ 学号：_____ 组别：_____

考核项目		分值（分）	自评	考核要点
信息收集	信息收集情况	10		能正确运用所学知识，广泛利用网络等手段获取知识，基本掌握相关知识
任务实施	任务实施	30		能全面清晰地回答提问
	分析报告	20		能完成字数要求，分析报告表达清晰明确
	职业素养	15		遵章守纪、严谨认真、善于观察总结
	团队参与度	15		主动参与团队工作，认真完成布置的任务
	创新意识	5		主动查阅国内外资料，提出建设性的、有见地的建议
	拓展任务	5		能经过思考及翻阅资料等提出较高质量的见解
小计		100		
其他考核				
考核人员		分值（分）	评分	考核要点
（指导）教师评价		100		结合任务实施过程的综合表现进行评价
小组互评		100		结合自评表中的相关要求，给予中肯评价
总评		100		总评成绩 = 自评成绩 × 10% + 指导教师评价 × 75% + 小组评价 × 15%

单元 2

火灾自动报警系统

单元概述

火灾自动报警系统是探测火灾早期特征、发出火灾报警信号,为人员疏散、防止火灾蔓延和启动自动灭火设备提供控制与指示的消防系统,是及时发现火警和扑灭初起火灾的重要环节。根据《火灾自动报警系统设计规范》(GB 50116—2013)的规定,火灾自动报警系统可用于人员居住和经常有人滞留的场所、存放重要物资或燃烧后产生严重污染、需要及时报警的场所。《地铁设计防火标准》(GB 51298—2018)对地铁火灾自动报警系统做出了进一步的规定:车站、地下区间、区间变电所及系统设备用房、主变电所、控制中心、车辆基地应设置火灾自动报警系统。本单元重点讲述了燃烧产生的条件及火灾的发展过程,火灾自动报警系统的组成、分类及工作原理,常用火灾自动报警系统设备的工作原理及使用方法,城市轨道交通火灾自动报警系统运行方式。

学习目标

目标要求	知识目标	1. 熟悉燃烧的条件及火灾发展过程。 2. 熟悉火灾自动报警系统的组成、分类及工作原理。 3. 掌握常用火灾自动报警系统设备的工作原理及使用方法。 4. 熟悉城市轨道交通火灾自动报警系统的运行方式。
	能力目标	1. 通过搜集、访问相关网站等方法培养快速收集信息的能力;通过撰写调查报告、现场讲解等锻炼,提升对文字等的组织能力及语言表达能力。 2. 能完成手动火灾报警按钮的启动与复位,能完成火灾报警控制器的基本操作。
	素质目标	1. 通过对信息的学习、处理,培养主动学习的习惯、耐心细致的工作作风。 2. 通过完成手动火灾报警按钮、火灾报警控制器的基本操作,培养勤于思考、踏实工作的作风。 3. 通过本单元引导案例的学习,提高工作责任感,养成底线思维、严谨认真的工作作风,提升职业素养。

单元 2.1　燃烧与火灾发生的过程

熟悉燃烧的概念、燃烧发生的条件，熟悉火灾发展的阶段及特点。

一、燃烧

燃烧是在自然界中经常发生的一种化学变化过程，有有焰燃烧与无焰燃烧两种。广义地讲，燃烧现象是可燃物质与氧发生的激烈氧化反应，反应伴随着发光效应和放热效应。火灾是失去控制的燃烧，是一种不受时间、空间限制，发生频率很高的灾害。掌握维持燃烧的条件，灭火就有法可循。对燃烧条件的研究是制定防火措施和灭火措施的依据，其最根本的原理都是防止燃烧条件的形成和破坏已经形成的燃烧条件。

（一）燃烧的必要条件

燃烧现象十分普遍，但燃烧不是随便发生的，而是有一定的条件，只有条件具备了，物质才能从不燃状态变为燃烧状态。人们在长期的实践中发现，要发生燃烧，必须同时具备四个条件，即可燃物、助燃物、点火源。但即使具备了燃烧的四个条件，也不一定能发生燃烧。

1. 可燃物

凡是能在空气、氧气或其他氧化剂中发生燃烧反应的物质都称为可燃物，如木材、纸张、汽油、酒精、钠等。

2. 助燃物

助燃物也称氧化剂，凡能帮助和支持可燃物燃烧的物质都叫作助燃物，如空气、氧、氯酸钾、过氧化钠、浓硝酸、浓硫酸等。发生火灾时，空气是主要的助燃物。但有时可燃物和助燃物是合二为一的，这类物质在燃烧过程中发生分解反应，如硝化甘油的爆炸就是一个典型的例子。

3. 点火源

点火源也称引火源，凡能引起可燃物质燃烧的热能源均称为点火源。点火源可以是明火，也可以是高温的物体，它们可以由热能、化学能、电能、机械能转换而来。电气开关、电弧、电气短路、静电等产生的电火花，烟头、打火机产生的明火都是常见的点火源。金属与金属、金属与岩石之间的撞击、摩擦所产生的火星，其温度可以达到1000℃甚至更高，可引燃可燃气体、可燃液体蒸气以及棉花等物质；雷电是很强烈的放电现象，其电火花往往是古建筑、森林的点火源。

城市轨道交通地下车站、隧道区间、各种电气设备用房、机房等都是极易发生火灾的场所。

4. 未受抑制的链式反应

未受抑制的链式反应是指燃烧过程中产生的热量、烟雾、气体等物质会导致燃烧的扩散和加剧。可燃物受热后，不仅会汽化，而且其分子会发生热裂解，产生自由基。自由基是一种高度活泼的化学基团，能与其他自由基和分子反应，使燃烧持续进行。发生燃烧的三个必要条件是可燃物、助燃物和点火源，而维持燃烧的必要条件需要再加上链式反应。

（二）燃烧的充分条件

具备了燃烧的必要条件，并不意味着燃烧必然发生。

1. 一定的数量或一定浓度的可燃物

如果在空气中可燃气体或蒸气的量不足，虽然有助燃物和着火源，燃烧也不一定发生。例如，氢气的浓度低于4%时，不能燃烧。因此，虽然有可燃物，但当它挥发或蒸气浓度不够时，即使有足够的空气（氧化剂）和引火源接触，也不会发生燃烧。

2. 一定含量的助燃物

在一般场所中，要使可燃物燃烧必须有足够的空气，否则可燃物不能被点燃，或者已经燃烧的也会熄灭。例如，将点燃的酒精灯用罩子罩起来，使空气无法进入，酒精灯就会自动熄灭。因此，可燃物燃烧有一个最低含氧量的要求。常见物质燃烧的最低含氧量见表2-1。

常见物质燃烧的最低含氧量　　　　　表2-1

名称	最低含氧量（%）	名称	最低含氧量（%）
汽油	14.4	乙醚	12.0
煤油	15.0	氢气	5.9
乙醇	15.0	多量棉花	8.0

3. 一定量的引火源（点火能）

不管何种形式的引火源，都必须达到一定的量才能引起可燃物质着火，否则燃烧就不会发生。不同的可燃物燃烧所需要的温度和热量也不同。从烟囱冒出来的炭火星，温度大约为600℃，如果落在柴草或纸张等可燃物上就会引起燃烧，这说明这些火星具有的温度和热量超过了柴草、纸张等的最小引燃能量。但这些火星落在大块原木上，并不会引起燃烧，这说明这些火星具有的温度和热量并没有超过大块原木的最小引燃能量。物质燃烧所需的最小引燃能量越小，它发生燃烧的可能性就越大。几种常见可燃物燃烧所需要的温度见表2-2。

几种常见可燃物燃烧所需要的温度　　　　　表2-2

物质名称	燃点（℃）	物质名称	燃点（℃）
蜡烛	190	棉花	210~255
松香	216	布匹	200
橡胶	120	木材	250~300
纸张	130~230	豆油	220

4. 持续不断的相互作用

要使燃烧发生或持续，燃烧要素之间还必须相互结合、相互作用，否则燃烧也不能发生。例如，房间里的桌、椅、门、窗帘等都是可燃物，房间内有充满空间的空气，有引火源（打火机），存在燃烧的全部要素，可并没有发生燃烧现象，这是因为各要素间没有相互结合、相互作用。

（三）防火方法

根据燃烧三要素的特点，可以提出以下防火方法。

（1）控制可燃物

尽可能用难燃、不燃材料替代易燃材料；对容易产生可燃气体的场所采取通风方式排除可燃气体；对有可燃气体和液体产生的设备，加强管理与维护，减少或避免可燃物跑、冒、滴、漏等现象的发生。

（2）隔绝空气

对于有危险的场所，要充惰性气体进行保护；对于某些特殊的物质，应隔绝空气储存，如钠存于煤油中；等等。

（3）消除着火源

对于容易产生可燃性气体的场所，采用防爆电器，同时禁止一切火种。

根据燃烧四要素的特点，可以提出以下防火方法。

（1）隔离法

将尚未燃烧的物质与正在燃烧的可燃物分开，燃烧得不到足够的可燃物，火就会熄灭，如切断可燃气来源、排走剩余的可燃液体等。

（2）窒息法

窒息法就是隔绝空气法，使可燃物得不到足够的氧气而停止燃烧。例如，用不燃或难燃的物质捂盖燃烧物表面；用泡沫覆盖燃烧物表面，如采用灭火器灭火；使水蒸气或惰性气体释放到密闭空间，如城市轨道交通中采用气体灭火系统灭火。

（3）冷却法

冷却法即使燃烧的物体温度降低，当可燃物的温度低于其燃点时，燃烧就会停止。例如，城市轨道交通中采用的消火栓系统、自动喷水灭火系统用水扑灭火灾，即冷却法。

（4）抑制法

抑制法就是让灭火剂参与到连锁反应中，使燃烧过程中产生的自由基消失，形成稳定的分子或低活性的自由基，从而使连锁反应中止。

二、火灾的发生

火灾是指在时间和空间上失去控制，对人身和财物造成一定损害的燃烧现象。古人认为"火失其性而为灾"。"火灾"一词最早见于两汉时期的《礼记·月令》："孟秋……行夏令，则国多火灾。"

火灾的发生和发展过程具有一定的规律性，通常情况下，都有一个由小到大，由发生、发展到熄灭的过程。火灾通常包括隐患阶段、早期阶段、阴燃阶段、可见烟雾及火焰阶段、衰减阶段。火灾发展过程示意图如图 2-1 所示。

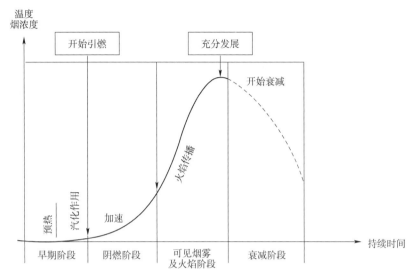

图 2-1　火灾发展过程示意图

（一）隐患阶段

我们常见的探测报警系统有可燃气体探测报警系统和电气火灾监控系统。火灾探测报警系统的目的是消除火灾隐患，一旦火灾发生，就需要火灾探测报警系统和消防联动控制系统来发挥作用。

（二）早期阶段及阴燃阶段

1. 早期阶段

这一阶段的物质燃烧开始预热和汽化，主要产生燃烧气体和不可见的气溶胶粒子，没有可见的烟雾和火焰，发热量也相当少，环境温升很难鉴别。这些燃烧气体和气溶胶粒子通过布朗运动扩散、燃烧产物的浮力等引起微弱的对流。在此阶段，火情仅仅局限于火源所在部位的一个很小的有限范围内，探测对象是燃烧气体和气溶胶粒子。

2. 阴燃阶段

该阶段的热解作用充分发展，产生了大量肉眼可见和不可见的烟雾，充满建筑物的内部空间。但此阶段仍没有产生火焰，热量也较少，环境温度并不高，火情尚未达到蔓延发展的程度。此阶段仍是探测火情，实现早期报警的重要阶段，探测对象是烟雾粒子。该阶段适用的火灾探测器主要有吸气式感烟火灾探测器、一氧化碳火灾探测器等。

若要把火灾损失控制在最小范围内，火灾探测应该在此阶段进行。因为此时尽管产生了大量的气溶胶（燃烧气体）和烟雾，充满了建筑物内的空间，但环境温度并不高，尚未达到蔓延发展的程度，如果能及时探测，实现早期报警并进行技术处理，就可把火灾损失控制在最小范围内，减少人身伤亡及财产损失。本阶段主要采用吸气式感烟火灾探测器、一氧化碳火灾探测器、线型感温火灾探测器等探测火灾。

（三）可见烟雾及火焰阶段

此阶段为物质燃烧的快速反应阶段，从着火（火焰初起）开始到燃烧充分发展到全燃。在可见烟雾阶段，点型感烟火灾探测器和线型光束感烟火灾探测器均可以有效发挥作用。在火焰阶段，图像型火灾探测器也可以有效发挥作用。

（四）衰减阶段

此阶段是物质经过全面着火燃烧后逐步衰弱至熄灭的阶段。任何燃烧都将伴随着烟雾、热量和火焰的产生，烟、热、光是物质燃烧的三大特征。

火灾的早期预报，就是通过安装在现场的各类火灾探测器对火灾发生时产生的烟、热、光等火灾参数做出有效响应，通过转换、传输、处理后发出报警信号，提醒人们采取措施，及时疏散转移及采取有效的控制措施。

任务实施

预先准备纸张、木头等燃烧材料及打火机、不锈钢容器等，以小组为单位在规定的实训地点点燃规定的燃烧材料（如纸张），观察燃烧过程并记录。小组派代表在规定时间内说出燃烧的发生过程，表述最全面、正确的小组获胜。

单元2.2　火灾自动报警系统的组成与系统形式

任务陈述

熟悉火灾自动报警系统的组成及功能，熟悉火灾自动报警系统的工作原理、形式。

知识准备

火灾自动报警系统是以火灾为监控对象，通过现场的火灾探测器，根据防火要求和特点设计的自动报警系统，是城市轨道交通自动化系统的一个重要组成部分。火灾自动报警系统既能对火灾发生进行早期探测和自动报警，又能根据火情位置及时输出联动灭火信号，启动相应的消防设施进行灭火，最大限度地减少火灾危害。无火灾发生时，相关部门可以与火灾自动报警系统监控中心联网，实时监控城市轨道交通的火警信息、消防设施运行状况和消防安全管理状态，有效提高预防和抗御火灾综合能力。

一、火灾自动报警系统的组成

城市轨道交通火灾自动报警系统设置两级（中央级、车站级）管理和三级（中央级、车站级、现场级）控制，实现对运营线路的火灾探测报警和对消防系统设备的监控与管理。在城市轨道交通发生火灾时，火灾自动报警系统发出指令使消防系统及各相关设备转入火灾模式运行，执行消防联动，实现防救火灾功能。火灾自动报警系统分为三个控制级别：设置在运行控制中心的中央监控管理级、车站（车辆段）监控管理级和现场控制级。火灾自动报警系统设置如图2-2所示。

火灾自动报警系统主要由触发器件（火灾探测器）、火灾报警装置、火灾报警输出控制装置以及具有其他辅助功能的装置组成。火灾自动报警系统贯穿整个消防系统的关键流程，主要包括火灾预警系统、火灾探测报警系统、消防联动控制系统，其组成如图2-3所示。

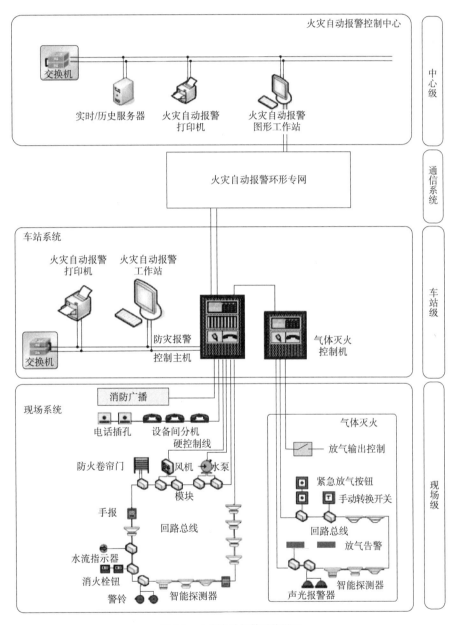

图2-2 火灾自动报警系统设置

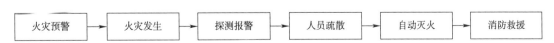

图2-3 火灾自动报警系统的组成

1. 火灾预警系统

火灾预警系统是火灾自动报警系统的独立子系统，主要包括可燃气体探测报警系统和电气火灾监控系统。火灾预警系统的目的是消除火灾隐患。火灾预警系统可以在火灾发生前，通过探测可能引起火灾的征兆特征彻底防止火灾发生，或在火势很小、还未成灾时及时报警。

（1）可燃气体探测报警系统

可燃气体探测报警系统主要应用在生产、使用可燃气体或可燃蒸气的场所，当保护区域的可燃气体浓度达到设定值时，可燃气体探测报警系统报警。可燃气体探测器是能对泄漏可燃气体进行响应，自动产生报警信号并向可燃气体报警控制器传输报警信号及可燃气体浓度信息的器件。

（2）电气火灾监控系统

电气火灾监控系统的目的是消除电力设备的火灾隐患，主要是探测电力线路的剩余电流值或者探测电气部件的温升，当超出安全值时即发出警报，以防止漏电、短路、过载等情况的发生。通常采用感温电缆、感温光纤、光纤光栅等线型感温火灾探测器探测电缆或电气部件的异常升温。

2. 火灾探测报警系统与消防联动控制系统

火灾探测报警系统与消防联动控制系统是实现火灾探测报警、向各类消防设备发出控制信号并接收设备的反馈信号，进而实现预定消防功能的自动消防设施。在实际应用中，火灾报警控制器和消防联动控制器为一体化产品，称为火灾报警控制器（联动型）。

火灾报警控制系统（联动型）主要包括触发装置（如火灾探测器、手动火灾报警按钮）、火灾警报装置、各类输入输出模块、图形显示装置、消防设备电源监控系统、消防广播系统、消防电话系统等。

二、火灾自动报警系统的功能

1. 中央监控管理级的功能

火灾自动报警系统网络设备集中监控管理中心设置在运行控制中心（OCC），作为城市轨道交通消防指挥和控制中心，负责监视全线火灾报警系统设备的运行状态、接收报警信号、发布救灾指令等。城市轨道交通消防指挥控制中心设有环控调度员（环调），负责管理全线的火灾报警、确认火灾灾情，并向车站级发出消防救灾指令、指挥救灾工作的开展。

2. 车站监控管理级的功能

车站监控管理级主要设置在城市轨道交通车站控制室、车辆段等，能够对它所管辖的车站、车辆段范围进行独立监控管理，负责监视本站点火灾报警系统设备的运行状态、接收车站的灾害报警，及时与指挥中心联络，接收并执行指挥中心救灾指令。值班站长、车辆段调度长主要负责火灾报警监视、火灾灾情确认、与城市轨道交通消防指挥中心取得联系及组织现场救灾等。

3. 现场控制级的功能

现场控制级的主要功能是采集辖区内的火灾报警信息、报告自身故障及状态信息、执行车站监控管理级发出的指令。

三、火灾自动报警系统的工作原理

在火灾发生初期，系统通过设置在现场的感烟火灾探测器、感温火灾探测器和感光火灾探测器等火灾触发器件自动接收火灾燃烧所产生的烟雾、温度和热辐射等物理量信号，并将其转换成电信号输入火灾报警控制器，火灾报警控制器对输入的报警信号进行处理、分析。经判断发生火灾时，声光信号等火灾警报装置立即发出火灾警报，并记录、显示火灾发生的时间和位置。同时联动各种防排烟系统、气体灭火系统，以及防火门、防火卷帘等防烟防火设施，指挥人员疏散，控制火灾蔓延、发展。此外，向火灾自动报警系统报警的方式也可以是激活手动报警按钮、接通消防电话等。典型火灾自动报警系统示例图如图2-4所示。

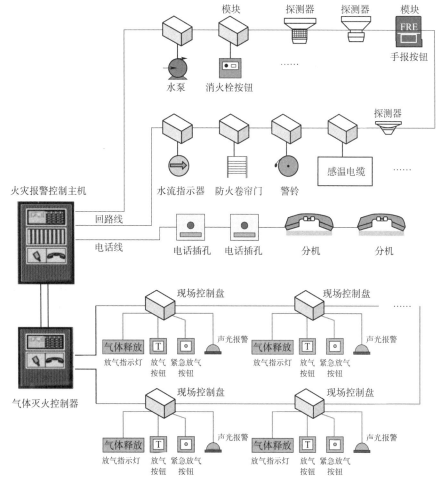

图2-4 典型火灾自动报警系统示例图

四、火灾自动报警系统的形式

根据规范要求，火灾自动报警系统的形式包括区域报警系统、集中报警系统、控制中心报警系统。

1. 区域报警系统

区域报警系统应由火灾探测器、手动火灾报警按钮、火灾声光警报器、火灾报警控制器等组成，系统中可包括消防控制室图形显示装置和区域显示器。区域报警系统适用于仅需要联动声光警报器，不需要联动其他自动消防设备的保护对象。在区域报警系统中，可以不设置消防控制室，但火灾报警控制器应设置在有人值班的场所。区域报警系统示意图如图 2-5 所示。

2. 集中报警系统

集中报警系统适用于除了联动声光警报器以外，还需要联动其他自动消防设备的保护对象，且只设置一台具有集中控制功能的火灾报警控制器和消防联动控制器。集中报警系统应由火灾探测器、手动火灾报警按钮、火灾声光警报器、消防应急广播控制装置、消防专用电话、消防控制室图形显示装置、火灾报警控制器、消防联动控制器等组成。其中的消防应急广播控制装置、消防专用电话、消防控制室图形显示装置、火灾报警控制器、消防联动控制器等起集中控制作用的消防设备，应设置在消防控制室内。一个集中报警系统可以接入多个区域报警系统，设置一个消防控制室。集中报警系统示意图如图 2-6 所示。

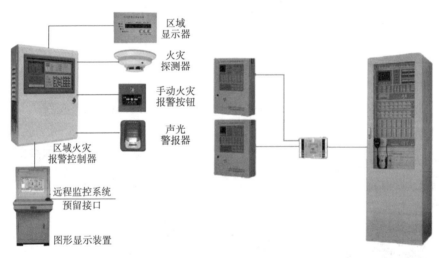

图 2-5　区域报警系统示意图　　图 2-6　集中报警系统示意图

3. 控制中心报警系统

由消防控制室的消防控制设备、集中型火灾报警控制器、区域型火灾报警控制器和火灾探测器等组成，或者由消防控制室的消防控制设备、火灾报警控制器、区域显示器和火灾探测器等组成的功能复杂的火灾自动报警系统。

设置两个及以上消防控制室的保护对象，或已设置两个及以上集中报警系统的保护对象，应采用控制中心报警系统。控制中心报警系统的工作原理与集中报警系统基本相同。应当注意的是，当有两个或两个以上消防控制室时，应当确定一个主消防控制室。主消防控制室应能显示所有的火灾报警信号和联动控制状态信号，并应能控制重要的消防设备；各分消防控制室内消防设备之间可互相传输、显示状态信息，但是不应互相控制。

任务实施

总结区域报警系统、集中报警系统、控制中心报警系统的相互关系，完成总结报告（字数控制在300字以内）。

课后自学

观看视频火灾自动报警系统之报警区域，明确划分报警区域的目的是什么，回答下列问题。

1. 每个报警区域宜设置_____个火灾显示盘。
2. 每个报警区域内应均匀设置火灾警报器，其声压级不应小于60dB；在环境噪声大于60dB的场所，其声压级应高于背景噪声_____dB。

火灾自动报警系统之报警区域

单元2.3　火灾自动报警系统的设备

任务陈述

熟悉火灾自动报警系统各组成部分的概念、工作原理、适用场合及范围，了解轨道交通火灾自动报警系统运行方式，完成手动火灾报警按钮的启动与复位操作。

知识准备

一、触发装置

在火灾自动报警系统中，自动或手动产生火灾报警信号的器件称为触发装置，主要包括各类火灾探测器和手动火灾报警按钮。

（一）火灾探测器

火灾探测器是火灾自动报警系统的自动触发器件，能响应烟、温、光（火焰辐射）、气体浓度、视频信息等火灾特征参数，并自动产生火灾报警信号，是火灾自动报警系统的重要组件。

根据火灾探测方法和原理（探测火灾的参数）的不同，火灾探测器可以分为感烟火灾探测器、感温火灾探测器、感光火灾探测器、可燃气体探测器、复合式火灾探测器等类型。我们常见的有感烟火灾探测器、感温火灾探测器、感光火灾探测器、图像型火灾探测器、一氧化碳火灾探测器等。根据结构造型，火灾探测器可分为点型火灾探测器和线型火灾探测器两类。根据使用环境，火灾探测器可分为防爆型火灾探测器、耐碱型火灾探测器、耐酸型火灾探测器、耐寒型火灾探测器等。

1. 感烟火灾探测器

感烟火灾探测器是对火灾烟雾敏感的火灾探测器。火灾产生的烟雾由于热浮力而不断上升到达房间顶部，当其周围烟雾浓度达到响应值时，可以触发感烟火灾探测器。

常见的感烟火灾探测器如下。

（1）点型感烟火灾探测器

一般情况下，火灾发生初期均有大量的烟产生，虽然有些火灾探测器可能比普通的点型感烟火灾探测器更早发现火灾，但点型感烟火灾探测器在一般场所完全能满足及时报警的需求，且具有物美价廉、性能稳定、维护方便等优点，适用范围很广，但开水房、厨房等湿度、水汽、烟气较重的场所除外。点型感烟火灾探测器如图 2-7 所示。点型感烟火灾探测器分为点型离子感烟火灾探测器和点型光电感烟火灾探测器。

①点型离子感烟火灾探测器。点型离子感烟火灾探测器是根据电离原理进行火灾探测的点型火灾探测器。放射性辐射源（镅 Am241）产生的辐射可以使探测腔内的空气电离，加载电压后，两块电极板之间产生电流，当烟雾粒子进入此探测腔时，受烟雾粒子的干扰，电流减弱，达到一定值时发出报警信号。准工作状态下点型离子感烟火灾探测器内部情况如图 2-8a) 所示；烟雾粒子进入探测腔后，点型离子感烟火灾探测器内部情况如图 2-8b) 所示。离子感烟火灾探测器含有放射性物质（镅 Am241），对环境有一定的危害，需要特殊的回收措施，目前已很少使用。但在高海拔地区，离子感烟火灾探测器具有较强的适应性。

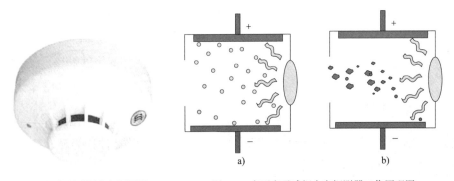

图 2-7　点型感烟火灾探测器　　　图 2-8　点型离子感烟火灾探测器工作原理图

②点型光电感烟火灾探测器。点型光电感烟火灾探测器是目前使用广泛的火灾探测器，布置在站厅、站台、封闭式通道、站内设备及管理用房内，主要有减光式感烟火灾探测器和散射光式感烟火灾探测器两种。目前常用的是散射光式感烟火灾探测器。

散射光式感烟火灾探测器的工作原理：正常情况下，在探测器内的发光元件发射的红外光线不会进入受光件，内部情况如图 2-9a) 所示。当烟雾进入探测器时，经烟雾粒子散射的红外光线进入受光件。当烟雾浓度升高时，散射的红外光线增强，受光元件的阻抗降低，当烟雾浓度达到设定值时，发出火灾报警信号，此时的探测器内部情况如图 2-9b) 所示。

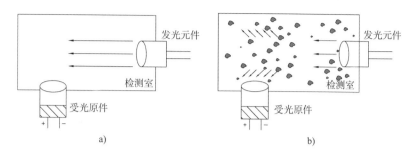

图 2-9 散射光式感烟火灾探测器工作原理图

（2）吸气式感烟火灾探测器

吸气式感烟火灾探测器的工作原理是：通过分布在被保护区域的采样管上的采样孔主动采集空气样本，在正常情况下，空气中的烟雾浓度会处于一个正常的波动范围。当出现电气老化、过载或其他火灾隐患时，会产生热量，受热部位会释放不可见粒子，使烟雾浓度升高。采样后的空气与模块中原有设定值进行对比分析，当烟雾浓度达到预警值时发出预警，提醒相关人员对火灾隐患进行排查。此系统基于对火灾极早期（过热、闷烧、低热辐射和无可见烟雾生成阶段）的探测和预警，所以在热分解阶段就能发出及时的报警。吸气式感烟火灾探测器报警的时间比传统探测设备提早数小时以上，可以在火灾形成前极早地发现风险隐患，将火灾发生的概率降到最低。吸气式感烟火灾探测器如图 2-10 所示。

图 2-10 吸气式感烟火灾探测器

具有高空气流量的场所，点型感烟火灾探测器、感温火灾探测器不适宜的大空间或有特殊要求的场所、低温场所，需要进行隐蔽探测的场所，需要进行火灾早期探测的关键场所以及人员不宜进入的场所等宜采用吸气式感烟火灾探测器。空气采样烟雾探测报警系统可对车辆段和停车场的停车库、运用组合车库、检修组合车库等大型库房进行保护。

（3）线型光束感烟火灾探测器

线型光束可以是红外光、紫外光或激光，其中红外光感烟火灾探测器技术成熟、性能稳定，因此目前使用的线型光束感烟火灾探测器通常为红外光束感烟火灾探测器。红外光束感烟火灾探测器是利用减光原理探测烟雾的火灾探测器。相对于点型感烟火灾探测器，线型光束感烟火灾探测器适用于无遮挡的大空间或有特殊要求的房间。

线型光束感烟火灾探测器通常包括发射器和接收器（有些是发射器和反射板），在发射器和接收器之间构成（不可见的）红外探测光路。当火灾烟雾上升时，光束被挡住，到达接收器的信号减弱；当减光率达到预设值时，探测器就会发出火灾报警信号。线型光束感烟火灾探测器按光路形式的不同，通常可以分为对射式线型感烟火灾探测器和反射式线型感烟火灾探测器。对射式线型感烟火灾探测器（图 2-11）的发射器和接收器分开布置，红外光束从发射器发出，由另一端的接收器接收。这种形式的布线相对复杂，通常情况下，发射器和接收器都需要电源支持。反射式线型感烟火灾探测器（图 2-12）的发射器和接收器是一体的，发射器的另一端安装反射板（也称反射镜），红外光束从发射器发出，经反射板反射后,由接收器接收,不需要电源支持,布线相对简单。

宜选择点型感烟火灾探测器的场所如下:

(1) 饭店、旅馆、教学楼、办公楼的厅堂、卧室、办公室、商场、列车载客车厢等。

(2) 计算机房、通信机房、电影或电视放映室等。

(3) 楼梯、走道、电梯机房、车库等。

(4) 书库、档案库等。

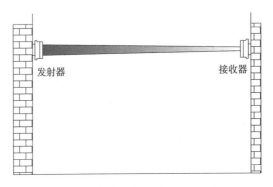

图2-11 对射式线型感烟火灾探测器工作原理

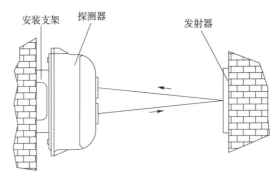

图2-12 反射式线型感烟火灾探测器工作原理

在一些高大的空间,随着烟雾的上升,温度不断下降,浮力也逐渐减小,当达到一定高度时,烟雾温度与空气温度基本相同,这时烟雾不再具有向上浮升的热浮力,会在该高度向外扩散,形成烟层,这就是我们常说的烟气分层现象。根据相关规范要求,高度超过12m的场所,就不宜采用常规的点型感烟火灾探测器。

2. 感温火灾探测器

感温火灾探测器主要是指利用热敏元件来探测火灾的探测器。在火灾的初始阶段,一方面会有大量烟雾产生,另一方面物质在燃烧过程中会释放大量热量,使周围的环境温度急剧上升。当感温火灾探测器周围的温度达到预定值或温度的变化速率达到预定值时,就会触发探测器报警。

感温火灾探测器就是对某一点或某一线路周围温度变化进行响应的火灾探测器,主要分为点型感温火灾探测器或线型感温火灾探测器。由于烟雾上升的速度较环境温度上升的速度快很多,感烟火灾探测器通常会先报警,当某部位的感温火灾探测器报警时,表明火灾已经发展到了一定的程度。

在气体灭火等重要场所的报警联动系统中，通常同时设置感烟火灾探测器和感温火灾探测器，当感烟火灾探测器报警时发出预警信号；当感温火灾探测器也报警时则确认火警，联动开启灭火设施。

1）点型感温火灾探测器

点型感温火灾探测器是建筑室内应用较多的一种探测器。在湿度、水汽或烟气较重（如地下室、地下车库、开水房、厨房）等不适合用感烟火灾探测器的场所，可以采用点型感温火灾探测器。点型感温火灾探测器示意图如图2-13所示。点型感温火灾探测器可分为双金属片式感温火灾探测器、膜盒式感温火灾探测器、热敏电阻式感温火灾探测器等形式。

（1）双金属片式感温火灾探测器

双金属片式感温火灾探测器由膨胀系数不同的双金属片和固定触点组成，当其处于准工作状态时，双金属片的状态如图2-14a）所示。当环境温度升高到一定值时，由于双金属片的膨胀系数不同，双金属片向上弯曲，带动动触点与静触点闭合，输出信号给报警控制器。双金属片的动作状态如图2-14b）所示。

图2-13 点型感温火灾探测器

（2）膜盒式感温火灾探测器

膜盒式感温火灾探测器的感热外罩与膜盒底座形成密闭的空气室，有一个漏气孔与大气连通。当环境温度缓慢变化时，空气室内外的空气可由漏气孔进出，使内外压力保持平衡。当温度迅速升高时，空气室内空气受热膨胀来不及外泄，致使空气室内气压增高，金属波纹膜片向上鼓起与触点接触，电路接通报警。双金属片式感温火灾探测器工作原理图如图2-15所示。

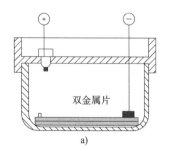
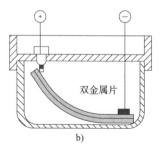
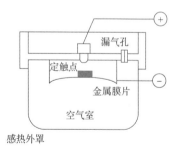

图2-14 双金属片的动作状态　　　　图2-15 双金属片式感温火灾探测器工作原理图

（3）热敏电阻式感温火灾探测器

热敏电阻式感温火灾探测器采用了负温度系数的热敏电阻，当温度升高时，电阻值降低，电流加大，达到预定值时实现报警。

2）线型感温火灾探测器

线型感温火灾探测器是对某一路线周围的温度和（或）温度变化响应的线型火灾探测器。线型感温火灾探测器由敏感部件和与其相连的信号处理单元等部分组成。敏感部件可分为感温电缆、感温光纤、感温光栅等。这类探测器通常紧贴着保护对象安装，可以即时感应保护对象的温度变化，适用于有温升特征的早期和初期火灾探测。城市轨道交通车站站台板下、变电所等处电缆夹层应敷设缆式线型感温火灾探测器。

（1）感温电缆

感温电缆即缆式线型感温火灾探测器，是一种能响应某一连续线路周围温度参数的火灾探测器，它将温度值信号或是温度单位时间内变化量信号转换为电信号，以达到探测火灾并输出报警信号的目的。感温电缆按其可恢复性可分为不可恢复式感温电缆和可恢复式感温电缆两类。感温电缆如图 2-16 所示。

a) 感温电缆　　　　　　b) 感温电缆的布置示例

图 2-16　感温电缆

①不可恢复式感温电缆。不可恢复式感温电缆也就是不可恢复式缆式线型感温火灾探测器，也称开关量感温电缆，属定温型感温电缆。不可恢复式感温电缆内部为两根绞合的弹性钢丝，每根钢丝的外面包有绝缘热敏材料。在正常状态下，两根钢丝处于绝缘状态，当周边环境温度上升到预定的动作温度时，热敏材料熔化破裂，两根绞合的弹性钢丝发生短路，触发开关量报警。此种感温电缆的报警过程不可逆，即感温电缆报警后不可恢复，需要进行更换。不可恢复式感温电缆是经济实用的线型感温火灾探测器，不受电磁干扰，极少误报，维护简便。虽然某段电缆动作后不可恢复，但可以通过接入同类型电缆的方式，快速恢复正常使用。

②可恢复式感温电缆。可恢复式感温电缆通常是两芯绞合结构，加载有一定的电压。和不可恢复式感温电缆不同的是，可恢复式感温电缆每芯导体的外面是负温度系数的热敏绝缘材料，当环境温度升高时，热敏绝缘材料的绝缘电阻变小，导体的泄漏电流变大。根据泄漏电流的大小，可恢复式感温电缆可以实现定温报警。温度恢复正常以后，泄漏电流恢复正常，电缆可以重复使用。

（2）感温光纤

分布式光纤线型感温火灾探测器就是我们常说的感温光纤，主要由感温光纤、分布式光纤测温主机等组成。感温光纤利用了光纤的散射光（拉曼）强度对温度的敏感特性（这是所有光纤均具备的特性），将整条传输光纤作为传感器，光纤的每一点作为探测部件，也是传输部件。感温式光纤通过连续分布式的测量，可以得到整条光纤上的温度分布信息，实现长距离的温度测量和定位。感温光纤如图 2-17 所示。

（3）感温光栅

光纤光栅线型感温火灾探测器简称感温光栅，主要由光纤光栅测温主机（信号处理单元）、传输光纤、光纤光栅感温探测器等组成。光纤光栅线型感温火灾探测器的敏感部件为光纤光栅感温探测器（也称为传输光缆），通过传输光纤将信号传送至光纤光栅测温主机（信号处理单元），实现点型温度探测或长距离线型温度探测。当光源通过光栅时，会产生特定波长的反射光。当光纤光栅的温度发生变化时，会导致光栅周期或纤芯折射率发生变化，从而导致光栅反射光的波长发生变化，通过检测反射光波长的变化，实现温度测量。感温光栅如图2-18所示。

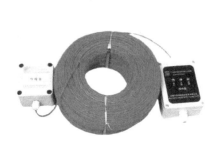
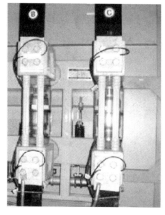

图2-17　感温光纤　　　　　　图2-18　感温光栅

3. 感光火灾探测器

感光火灾探测器又称火焰探测器，是一种响应火灾光辐射的探测器，通过感应火焰辐射的电磁波检测火焰的特定波长及闪烁频率，发出报警信号。感光火灾探测器可以分为红外火焰探测器［图2-19a)］、紫外火焰探测器［图2-19b)］、红外/紫外复合探测器［图2-19c)］等。感光火灾探测器只要有火焰的辐射就能响应，对明火的响应比感温火灾探测器、感烟火灾探测器快得多，特别适用于大型油罐储区、石化作业区等易发生明火燃烧的场所或者明火的蔓延可能造成重大危险等场所的火灾探测。

a) 红外火焰探测器　　　b) 紫外火焰探测器　　　c) 红外/紫外复合探测器

图2-19　感光火灾探测器

4. 图像型火灾探测器

图像型火灾探测器属于识别图像信息的探测器，通过采集现场的视频图像，由视频专用电缆传输到图像型火灾探测系统的主机上，由主机上的管理软件对现场视频图像进行分析、识别。如果图像中某一区域的灰度变化、闪烁频率、颜色和运动模式等参数符合火焰或烟雾的特有特征，则管理软件做出火警判别，并发出火警报警信号。图像型火灾探测器具有可视化程度高、无接触、响应速度快、探测距离远、保护面积大、具有存储、回放图像功能等特点。

5. 一氧化碳火灾探测器

大多数火灾都会产生一氧化碳（CO）气体，在通风状况不佳、燃烧不充分的早期火灾和阴燃阶段等更是会产生大量一氧化碳气体。一氧化碳气体密度与空气相当，扩散性能比烟雾更好，在火灾初期设置一氧化碳火灾探测器是一种有效的火灾探测方法。一氧化碳火灾探测器如图2-20所示。城市轨道交通工程常用火灾探测器的技术特点及应用场所见表2-3。

图2-20　一氧化碳火灾探测器

城市轨道交通工程常用火灾探测器的技术特点及应用场所　　表2-3

火灾探测器	特点	应用场所
点型感烟火灾探测器	1. 报警灵敏度低。 2. 被动式探测，安装位置均在顶部。 3. 很难进行有针对性的探测。 4. 报警阈值是固定的，容易误报警。 5. 运营维护成本高，风险大。	地下车站站厅层、站台层公共区、设备用房、管理用房，主变电所设备用房、管理用房，车站设备用房、管理用房，车辆段的综合楼、信号楼、混合变电所，停车场信号楼等
吸气式感烟火灾探测器	1. 低误报率，高灵敏度。 2. 提供多级报警，提高性能。 3. 采用主动吸气式采样探测器。 4. 具有故障自诊断功能，维护成本较低。 5. 布置方式美观、灵活，维修便捷。 6. 具备灵活的联动控制及系统集成功能。	公共区、设备用房、设备区走廊、变电所、车库、车辆段、列车等
线型光束感烟火灾探测器	1. 保护范围大。 2. 性能稳定，受周围环境影响较小。 3. 具有零点漂移自动补偿功能，误报率低。 4. 响应时间短，一般最长响应时间为15s。 5. 具有自动监视探测器损坏功能，一旦探测器损坏，立即输出故障报警。	通常用于初始火灾有烟雾形成的大空间火灾探测，车辆段检修库、材料总库、运行库以及停车场的停车列检库等大型设备用房等
点型感温火灾探测器	1. 保护范围大。 2. 响应时间短。 3. 稳定性高。 4. 抗潮湿能力强，可满足不同气候环境的要求。 5. 定温报警。	茶水房、锅炉房等

续上表

火灾探测器	特点	应用场所
线型感温火灾探测器	1. 沿全线连续监测周围温度异常变化，保护面积大。 2. 环境适应性强。 3. 安装布线灵活。 4. 具有抗腐蚀性、抗电磁干扰性。	适合在大空间、工业领域和特殊场所安装使用，如车站站台下电缆通道、电缆沟、电缆竖井、变电所电缆夹层的电缆桥架等
线型光纤感温火灾探测器	1. 无电检测技术，本身安全系数极高。 2. 误报率极低。 3. 可以抵抗电磁干扰，探测距离远。 4. 可进行实时在线温度监测，在设定的温度报警。 5. 耐高温、寿命长。	城市轨道交通区间隧道
图像型火灾探测器	1. 检测空间范围大，抗干扰性强，不易受空间高度、气流速度、热障、粉尘、湿度等环境条件的限制。 2. 摄像机安装高度比较灵活，有利于设备安装和维护。 3. 具备可视性，定位快速准确，可以让消防人员迅速采取应对措施。	公共区、车辆段、车库等

（二）手动火灾报警按钮

手动火灾报警按钮（简称"报警按钮"或"手报"）是一种手动触发装置，具有在应急状态下人工手动通报火警或确认火警的功能。《火灾自动报警系统设计规范》（GB 50116—2013）规定，每个防火分区应至少设置一个手动火灾报警按钮。从一个防火分区内的任何位置到最近的手动火灾报警按钮的距离不应大于 30m。车站公共区、设备区、车辆段、主变电站内设置普通型手动火灾报警按钮，地下区间隧道内设置防水型手动火灾报警按钮或对普通手动火灾报警按钮加防水措施。

手动火灾报警按钮宜设置在疏散通道或出入口处的明显和便于操作的部位。列车上的手动火灾报警按钮应设置在每节车厢的出入口和车厢中间部位。在隧道区间内的消火栓旁设置手动火灾报警按钮，其距离不应大于 50m。当人们发现火灾后，可以通过触发就近的手动火灾报警器按钮进行人工报警。与探测器一样，手动火灾报警按钮在系统中占有一个地址号。手动火灾报警按钮如图 2-21 所示。

在车站公共区、设备管理区、车辆基地内的设备区和办公区、主变电所，地下区间纵向疏散平台的侧壁上，其他长度大于 30m 的封闭疏散通道，车站内消火栓旁应设置带地址的手动火灾报警按钮。手动火灾报警按钮宜设置电话插孔，带消防电话插孔的手动火灾报警按钮可同时接入消防专用电话系统，方便与消防中心联系。

图 2-21 手动火灾报警按钮

二、火灾警报装置

在火灾自动报警系统中,用于发出区别于环境声光的火灾警报信号的装置称为火灾警报装置。火灾显示盘(区域显示器、楼层显示器)是一种安装在楼层或防火分区内的火灾报警显示装置,是重复显示火灾报警信息的单元,和火灾报警控制器配套使用。发生火灾时,火灾探测器被触发,消防控制中心的火灾报警器报警,同时把报警信号传输到火灾报警区域的火灾显示盘,火灾显示盘显示相关楼层或报警区域的火警、故障、动作等信息,并发出声光报警信号。火灾显示盘如图2-22所示。

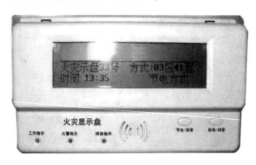

图2-22 火灾显示盘

(一) 报警区域

为了便于早期探测、报警,当火灾发生时可以迅速、准确地确定着火部位,以便及时采取措施。同时为了方便日常的维护管理工作,人们在火灾自动报警系统中将被保护空间划分为若干个报警区域,每个报警区域又划分为若干个探测区域。

报警区域是将火灾自动报警系统的警戒范围按防火分区或楼层等划分的报警单元。可以将一个防火分区或一个楼层划分为一个报警区域,也可将发生火灾时需要同时联动消防设备的相邻几个防火分区或楼层划分为一个报警区域。

每个报警区域宜设置一台火灾显示盘(区域显示器),当一个报警区域包括多个楼层时,宜在每个楼层设置一台仅显示本楼层的区域显示器。火灾显示盘用于显示楼层或分区内的火警信息,方便识别管理。

下列场合应分别单独划分探测区域:

(1) 关闭或封闭的楼梯间。

(2) 防烟楼梯间前室、消防电梯前室、消防电梯与防烟楼梯间合用的前室、走道、坡道、电气管道井、通信管道井、电缆隧道。

(3) 建筑物闷顶、夹层。

(二) 各类输入/输出模块

输入模块用于接收被监视设备的动作状态,可以接入被监控设备的常开或常闭信号(开关量),如水流指示器、压力开关等,如图2-23所示。输出模块是用于控制某些设备的启停或者切换的模块,一般用于控制没有信号反馈的设备,如警铃、声光报警器等,如图2-24所示。输入/输出模块增加了信号反馈的功能,启动设备以后,可以接收设备的反馈信号，主要用于控制有信号反馈的设备，如排烟阀、防火阀等，如图2-25所示。

图2-23　输入模块　　　　图2-24　输出模块　　　　图2-25　输入/输出模块

在火灾报警联动控制中，通过各类探测器、报警按钮以及各类输入/输出模块，可以实现消火栓系统、自动喷水灭火系统、泡沫灭火系统、气体灭火系统、防排烟系统、防火卷帘系统、应急照明和疏散指示系统、消防应急广播系统等各类消防设施的联动控制。配合多线联动控制盘，还可以实现消防水泵、防排烟风机等启动柜（箱）的联动控制。对于一些控制逻辑相对复杂的气体灭火系统、防火门监控系统、防火卷帘系统等还会设置单独的控制主机（控制器），以实现特定的功能。

（三）图形显示装置

根据规范要求，集中报警系统和控制中心报警系统需要设置图形显示装置（简称"CRT系统"）。图形显示装置安装在消防控制中心，可以接入电气火灾监控器、防火门监控器、消防设备电源监控器、可燃气体报警控制器的报警信息和故障信息等。图形显示装置可逐层显示区域平面图、设备分布情况，可以对消防信息进行实时反馈，及时处理和长期保存信息。将消防控制室图形显示装置设置在消防控制室，相关人员可更迅速地了解火情，指挥现场处理火情。

（四）消防设备电源监控系统

消防设备电源监控系统对消防设备的电源进行实时监控，检测电源的电流、电压等工作状态，当电源发生过压、欠压、过流、缺相等故障时，发出报警信号。消防电源监控系统主要用于监测消防设备电源的工作状态。

（五）火灾报警控制器和消防联动控制器

火灾报警控制器和消防联动控制器应设置在消防控制室内或有人值班的房间和场所。火灾报警控制器的分类如下。

1. 按应用方式不同分类

按应用方式不同，火灾报警控制器可分为独立型、区域型、集中型和集中区域兼容型。

（1）独立型火灾报警控制器是指不具有向其他控制器传递信息功能的火灾报警控制器。

（2）区域型火灾报警控制器是指具有向集中型火灾报警控制器传递信息，并可以接收、处理集中型火灾报警控制器相关指令功能的火灾报警控制器。

（3）集中型火灾报警控制器是指具有接收区域型火灾报警控制器传递的信息、集中显示，并可以向区域型火灾报警控制器发出控制指令功能的火灾报警控制器。

（4）集中区域兼容型火灾报警控制器是指同时具有区域型火灾报警控制器和集中型火灾报警控制器功能的火灾报警控制器。

联动型火灾报警控制器系统构成如图2-26所示。

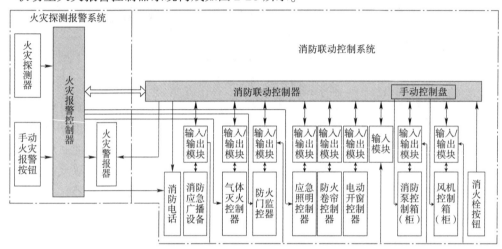

图2-26　联动型火灾报警控制器系统构成

2. 按结构形式不同分类

按结构形式不同，火灾报警控制器可以分为壁挂式火灾报警控制器、立柜式火灾报警控制器、琴台式火灾报警控制器等。壁挂式火灾报警控制器［图2-27a)］适用于小点位系统，立柜式火灾报警控制器［图2-27b)］、琴台式火灾报警控制器［图2-27c)］适用于较大规模的工程。琴台式火灾报警控制器的机柜还可以组合图形显示装置以及其他系统控制设备，方便管理。

a) 壁挂式火灾报警控制器　　b) 立柜式火灾报警控制器　　c) 琴台式火灾报警控制器

图2-27　火灾报警控制器

按照国家标准《火灾报警控制器》（GB 4717—2005）的要求，火灾报警控制器整机一般具有火灾报警功能、火灾声（和/或光）报警器控制输出功能、监管报警功能（可选功能)、故障报警功能、屏蔽功能（可选功能）、自检功能、信息显示与查询功能、与消防控制室图形显示装置通信功能，电源部分具有主电源和备用电源转换功能、执行程序和存储器内容运行监视等功能。

三、火灾自动报警系统的运行方式

火灾自动报警系统按工作方式可以分为正常运行方式和非正常运行方式，这两种运行方式都可以采用自动和手动控制模式。在正常情况下，火灾自动报警及联动控制系统与城市轨道交通指挥中心视频监控系统相结合。

1. 系统自动运行

在自动控制模式下，当有火灾报警情况发生时，车站的消防设施按照火灾工况自动进入联动运行状态。例如，在系统自动运行状态下，当火灾探测器探测到监测区域内有火灾发生时，火灾探测器将采集的数据传输给区域报警控制器，区域报警控制器将火灾参数数据发送给集中报警控制器，集中报警控制器对数据进行处理后推算出火灾的严重等级，然后在控制中心消防平面图相应的火灾区域显示该火灾发生地址并发出报警信息。此时，集中报警控制器在发送警报的同时会联动设备启动信号，区域内的防火装置将被开启（如果联动设备为手动模式，则消防人员需要赶赴现场进行处理）。

2. 人工报警运行

当相关人员发现区域内有火灾发生时，可以按动设置在现场的火灾报警按钮，通过区域报警控制器将报警信号传输给集中报警控制器，在消防平面图上显示火灾发生的位置。此时消防控制室的值班人员可以通过视频对火灾报警区域的具体情况进行分析，一旦确认有火灾发生即可启动消防联动设备。

任务实施

完成技能实训2.1 手动火灾报警按钮的启动与复位。

课后自学

观看视频：线型感温火灾探测器概念及分类，完成下列问题。

1. 线型感温火灾探测器的敏感部件可分为感温电缆、_____、_____及其接续部件、点式感温元件及其接续部件等。

2. 探测报警型线型感温火灾探测器应能发出火灾报警声光信号，用文字信息显示火灾发生部位，记录火灾报警时间（日计）时误差不应超过_____ s，并应保持至复位。

线型感温火灾探测器概念及分类

职业要求

一、职业意识

常怀远虑、居安思危。

二、引导问题

有人说:"城市轨道交通火灾设备设施初投资大,设备保养维护费用高,从运营到现在都用不到,真是劳民伤财。"这种说法正确吗?

三、引导案例

通过检索,查找阅读 2022 年 6 月 14 日《人民日报》上发表的文章《牢牢把握历史主动 创造新的历史伟业》。

四、问题思考

结合所学知识,你认为从"常怀远虑、居安思危"的角度应该如何认识城市轨道交通消防设施的重要性?

技能实训2.1 手动火灾报警按钮的启动与复位

◆ 技能实训任务实施

任务名称	手动火灾报警按钮的启动与复位	任务编号	2.1
任务说明	一、任务要求 模拟现场火灾发生后手动火灾报警按钮的启动及火情后的复位操作。 二、任务实施目的 通过完成不同厂家（根据实际购买的品牌确定）的手动火灾报警按钮的启动与复位，完成手动火灾报警按钮的认知；熟悉各种手动火灾报警按钮基本操作方法及注意事项，提高动手能力；加深对手动火灾报警按钮的认识。 三、手动报警按钮的启动、复位流程（不同品牌的手动报警按钮复位方法稍有不同） 1. 手动报警按钮的启动：模拟现场发生火灾后按下报警按钮，报警按钮火警指示灯应点亮，控制器显示火警地址信息。 2. 手动报警按钮的复位：火情后应及时将火灾报警按钮复位。常见的一种复位方式举例：先将面板下印有钥匙标识的翻盖打开，然后将钥匙垂直插入复位孔（要插到底），面板弹起复位，拔出钥匙，还原翻盖，此时手动报警按钮报警灯仍处于常亮状态；在消防报警主机上复位，此时，手动报警按钮报警灯由常亮恢复为常闪状态。		
任务实施	模拟手动火灾报警按钮的启动与复位操作引导问题		
	1. 准工作状态时，手动火灾报警按钮指示灯的显示情况如何？		
	2. 按动手动火灾报警按钮后，手动火灾报警按钮指示灯显示有何变化？		
	3. 火灾结束后，使用手动火灾报警按钮复位钥匙将面板弹开就算完成复位了吗？为什么？		

续上表

任务名称		手动火灾报警按钮的启动与复位	任务编号	2.1
任务实施	4. 拓展任务：除了介绍的手动火灾报警按钮复位方式以外，还有哪些复位方式？			
	完成手动报警按钮操作记录，反思操作过程中遇到的问题，及时解决并记录。（字数不少于200字）			

◆ **技能实训任务考核**

班级：_____ 姓名：_____ 学号：_____ 组别：_____

考核项目		分值	自评	考核要点
信息收集	信息收集情况	10		能正确运用所学知识，广泛利用网络等手段获取知识
任务实施	任务实施报告	20		能全面清晰地回答提问
	正确完成操作	30		能按要求正确完成手动报警按钮的启动、复位操作
	职业素养	15		遵章守纪、严谨认真、耐心细致
	团队参与度	15		主动参与团队工作，认真完成布置的任务
	创新意识	5		主动查阅国内外资料，提出有建设性、有见地的建议
	拓展任务	5		经过思考及翻阅资料等较完整地完成拓展任务
小计		100		
其他考核				
考核人员		分值	评分	考核要点
（指导）教师评价		100		结合任务实施过程的综合表现进行评价
小组互评		100		结合自评表中的相关要求，给予中肯评价
总评		100		总评成绩＝自评成绩×10%＋指导教师评价×75%＋小组评价×15%

单元3

防排烟系统

城市轨道交通地下车站和区间隧道是一个大型、狭长、与外界地面联系较少的地下空间，受空间封闭、通道狭长、通风不良等因素影响，一旦发生火灾，站内的氧气会被快速消耗，且聚集大量高温烟气。发生火灾时，能立即启动通风排烟系统尤为重要。本单元重点讲述城市轨道交通防排烟系统的概念、组成、分类及工作原理，防火分区、防烟分区的组成及特点，防排烟系统的设备、部件的组成及特点，防火卷帘的基本操作方法。

学习目标

目标要求	知识目标	1. 熟悉城市轨道交通防排烟系统的作用、组成、分类及工作原理。 2. 熟悉防火分区、防烟分区的规定和分隔设施的组成及特点，掌握城市轨道交通系统对防火分区、防烟分区的要求。 3. 掌握防火卷帘的基本启动操作。 4. 熟悉防排烟系统的设备及部件，认知轨道交通防排烟系统运行方式。
	能力目标	1. 通过搜集、阅读资料，提高对文字、视频等资料的处理能力。 2. 通过访问相关网站等获取所需信息，并通过对资料的加工及语言表达，培养处理信息及论文写作的能力。 3. 能完成防火卷帘的基本操作。 4. 能完成站台门系统站厅火灾工况下防排烟系统基本运行模式操作。
	素质目标	1. 通过规范操作设备设施养成严谨、认真的工作习惯。 2. 通过本单元引导案例的学习，提高工作责任感，确立正确的三观，提升职业素养。

单元 3.1 防排烟系统的作用与分类

 任务陈述

熟悉防排烟系统的作用、组成、分类及工作原理，熟悉城市轨道交通防排烟系统的分类及基本要求。

知识准备

一、防排烟系统的作用

防排烟系统是指在建筑物内设置的用于控制烟气运动，防止火灾初期烟气蔓延扩散，确保室内人员安全疏散和避难，并为消防人员救援创造有利条件的系统的总称。防排烟系统示意图如图 3-1 所示。

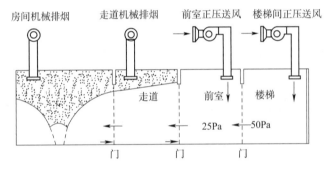

图 3-1　防排烟系统示意图

如图 3-1 所示，当房间中发生火灾时，排烟系统启动并排出房间和走道的烟气，有利于人员疏散。防烟系统也启动，通过向防烟楼梯间及前室输入一定的风量，实现防烟楼梯间的压力大于防烟前室，防烟前室的压力大于房间走道。这种风压差可以防止烟气进入楼梯间等空间，确保人员的安全疏散。

《地铁设计防火标准》（GB 51298—2018）明确规定：

（1）对站厅公共区进行排烟时，应能防止烟气进入出入口通道、换乘通道、站台、连接通道等邻近区域。

（2）对站台公共区进行排烟时，应能防止烟气进入站厅、地下区间、换乘通道等邻近区域。

（3）对地下区间进行纵向控烟时，应能控制烟气流动方向与乘客疏散方向相反，并应能防止烟气逆流和进入相邻的车站、区间。

（4）对设置自动灭火系统的设备用房，其防排烟系统的控制应能满足自动灭火系统有效灭火的需要。

二、防排烟系统的分类

防排烟系统按机理可以分为防烟系统和排烟系统。防烟系统通常可分为自然通风系统和机械加压送风系统，排烟系统采用自然排烟系统和机械排烟系统。

（一）防烟系统

防烟系统是指通过采用自然通风的方式，防止火灾烟气在楼梯间、前室、避难层（间）等空间内积聚，或通过采用机械加压送风的方式阻止火灾烟气侵入楼梯间、前室、避难层（间）等空间的系统。

1. 自然通风系统

自然通风是指依靠室外风力造成的风压和室内外空气温度差造成的热压，促使空气流动的通风方式。建筑高度不大于50m的公共建筑、工业建筑和建筑高度小于或等于100m的住宅建筑由于受外界风压作用影响较小，建筑本身的采光通风设施也可基本起到防止烟气进入安全区域的作用，因此，其防烟楼梯的楼梯间、独立前室、合用前室及消防电梯前室宜采用自然通风方式的防烟系统。

防排烟系统
基本概念

2. 机械加压送风系统

机械加压送风系统是指火灾时通过机械加压送风保证该区域的气压大于周围的气压，使室内保持一定正压，使火灾时烟气不进入本区域的系统，主要用于防烟楼梯间、前室等人员疏散区域。在不具备自然通风条件时，机械加压送风系统是确保火灾中建筑疏散楼梯间及前室（合用前室）安全的主要措施。需要注意的是，除了保证该系统正常运行外，还必须保证输送的是能使人员正常呼吸的空气。

（二）排烟系统

排烟系统是指采用自然排烟或机械排烟的方式，将房间、走道等空间的火灾烟气排至建筑物外的系统，可以理解为把烟气"吸走"。排烟系统可以分为自然排烟系统和机械排烟系统。

1. 自然排烟系统

自然排烟系统是指利用火灾产生的热烟气流的浮力和外部风力，通过建筑物房间或走廊的开口把烟气排至室外的排烟方式。这种排烟方式的实质是通过室内外空气的对流进行排烟。这种排烟方式经济、简单、易操作，并具有不需要使用动力及专用设备等优点，因此，对于满足自然排烟条件的建筑，首先应考虑采取自然排烟方式：

火灾发生时，室内外空气会产生温度差，从而造成空气的密度差，形成热气向上、冷气向下的热压，通过可开启的外窗（包括在火灾时破碎玻璃以打开外窗）或专门设置的排烟口等把烟气排出。自然排烟方式如图3-2所示。

2. 机械排烟系统

当建筑物不具备自然排烟条件时，机械排烟系统可以将火灾中建筑房间、走道等的烟气和热量排出建筑物。火场人员可以手动控制或通过火灾自动报警控制系统开启活动的挡烟垂壁等将烟气控制在发生火灾的防烟分区内，同时打开排烟口以及与排烟口联动的排烟防火阀，关闭空调系统和送风管道内的防火调节阀等，防止烟气通过空调通风系统蔓延到其他非着火房间，最后通过排烟风机将烟气通过排烟管道排至室外。机械排烟系统如图3-1所示。

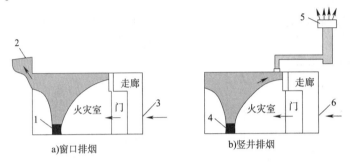

图3-2　自然排烟方式
1、4-火源；2-排烟口；3、6-进风口；5-风帽

三、城市轨道交通防排烟系统

车站地下空间狭小、设备管线繁多，很难设置独立的排烟系统，很多城市轨道交通车站的防排烟系统采用与通风空调系统合用的系统形式，火灾发生时将正常的通风空调系统转换为防排烟系统。为了实现对系统的分别控制，目前也有很多城市轨道交通车站开始采用防排烟系统与通风空调系统分开单独设置的布置方式。

城市轨道交通防排烟系统按防排烟系统的控制区域及使用性质通常可以分为地下车站防排烟系统和隧道防排烟系统、高架车站防排烟系统、车辆段防排烟系统等；按环控系统，一般可分为开（闭）式的防排烟系统和站台门式的防排烟系统。《地铁设计防火标准》（GB 51298—2018）规定，下列场所应设置排烟设施：

（1）地下或封闭车站的站厅、站台公共区。

（2）同一个防火分区内总建筑面积大于200m^2的地下车站设备管理区，地下单个建筑面积大于50m^2且经常有人停留或可燃物较多的房间。

（3）连续长度大于一列列车长度的地下区间和全封闭车道。

（4）车站设备管理区内长度大于20m的内走道，长度大于60m的地下换乘通道、连接通道和出入口通道。

（一）地下车站防排烟系统

地下车站防排烟系统包括车站公共区的防排烟系统、设备及管理用房的防排烟系统。地下车站的公共区域与设备及管理用房分别为独立的防火分区，在站厅层A、B两端各设排烟风机进行机械排烟。当站厅、站台发生火灾时进行机械排烟，使车站内形成负压区，保证新鲜空气由外界通过人行入口或楼梯口进入车站站厅、站台，为乘客撤离和消防人员灭火创造条件。

当车站站台发生火灾时，应保证站厅到站台的楼梯和扶梯口处具有能够有效阻止烟气向上蔓延的气流,且向下气流速度不应小于 1.5m/s。当车站设有全封闭式安全门时,应联动关闭全封闭站台门,降低活塞风对烟气流动方向的影响。当设备及管理用房发生火灾时,大系统(车站站厅、站台、人行通道公共区的空调通风系统)停止运行,小系统(车站设备及管理用房的空调通风系统)按设定的火灾模式运行,立即组织机械排烟或隔断火源和烟气;与火灾相邻的内通道设有排烟系统的立即进行排烟;着火区所在端的内走道和车控室立即进行加压送风;气体保护房间执行气体保护模式,对用气体灭火的房间设排风及送风系统。

(二)隧道防排烟系统

隧道防排烟系统分为区间隧道防排烟系统和站台隧道防排烟系统。

1. 区间隧道防排烟系统

(1) 区间隧道活塞通风

区间隧道活塞通风一般是在车站两端上下行线路各设一个活塞风道及相应的风井,利用列车在隧道内高速运行的活塞效应产生的活塞风实现隧道与外界通风换气。

(2) 区间隧道机械通风

区间隧道机械通风是在车站两端的风井内设置隧道风机,隧道风机可以实现正反转,在无列车产生的活塞效应时,对隧道进行机械通风,实现区间隧道的通风换气,保证列车和隧道内设备的正常运行。当列车阻塞在区间隧道时,也可以进行机械通风。当区间隧道发生火灾时,隧道两端车站风机采用一排一送模式,使乘客迎着气流方向疏散。

2. 站台隧道防排烟系统

我国很多城市所建的地铁工程,一般在车站站台区设置了站台门,列车的停车位置形成了车站的站台隧道。列车停站时会带有大量的热量,为了排除这些热量,一些车站的轨顶和站台下设置了排风风道,对应于列车的各个发热点设置有排风口,通过排风风机进行排风。当列车发生火灾并停在站台时,站台隧道通风系统应立即进行火灾排烟。

(三)地上车站、车辆基地等防排烟系统

高架车站站台设置半高安全门,站台公共区不设空调系统。站台可设局部通风设备,以提高乘客的舒适度。地上车站宜采用自然排烟的方式,不符合自然排烟要求的场所应当设置机械排烟设施。地面和高架车站公共区和设备与管理用房采用自然排烟时,排烟口应设在上部,其可开启的有效排烟面积不应当小于该场所建筑面积的 2%,排烟口的位置与最远排烟点的水平距离不应超过 30m。车辆基地内的运用库、检修主厂房等单体的防排烟系统应以自然通风或自然排烟为主,当不满足要求时,设置机械防烟或排烟设施。

任务实施

在轨道实训中心的城市轨道交通车站区域,分组研究城市轨道交通通风防排烟系统的

组成。每个小组派一个代表，在规定时间内说出城市轨道交通通风防排烟系统的组成及作用，说得多且正确的小组获胜。

课后自学

通过查阅《地铁设计防火标准》（GB 51298—2018）中 8.3.2 及 8.3.4 的规定，完成总结报告。

1. 当列车迫停的隧道线路有配线、联络线时，对着火区间有哪些不利影响？
2. 两座车站之间正常同时存在两列或两列以上列车同向运行的地下区间，排烟时应当注意哪些问题？

---- 拓展资料 ----

《地铁设计防火标准》（GB 51298—2018）节选

8.3.2 地下区间的排烟应考虑相邻区间及出入线、渡线、联络线等对着火区间气流的不利影响。

8.3.2 条文说明 地下隧道的通风情况复杂，当列车迫停的隧道线路邻近有配线时，开启事故通风系统后，部分气流会通过配线绕过事故区间，导致进入停车事故区间的风量减少。因此应考虑配线对通风效果的影响。当还有联络线时，尚需考虑另外一条线路运营对通风效果的影响。

8.3.4 两座车站之间正常同时存在两列或两列以上列车同向运行的地下区间，排烟时应能使非着火列车处于无烟区。

8.3.4 条文说明 本条规定了长大区间内的烟气控制要求。

当站间距较长，火灾时可能存在两列或两列以上的列车滞留在地下区间，此时应当使非着火列车处于无烟区，保护大多数乘客的安全。通常，可以采用纵向通风方式使非着火列车处于通风的上游侧，或采用纵向分段的通风方式使着火列车与非着火列车分处于不同的通风区段，或采用横向排烟方式，在着火列车处将烟气就近排离地下区间。当采用敷设风管的横向排烟方式时，排烟量可参照本标准第8.2.4条说明中的方法计算。不论采用哪种烟气控制方式，设计都应当明确火灾时区间内滞留的列车数量，并与供电、信号、FAS（火灾报警系统）等相关专业协调，确保控烟目标的实现和长区间火灾时人员疏散的安全。

单元 3.2 防火分区与防烟分区

任务陈述

熟悉防火分区、防烟分区规定及防火分隔设施的组成及特点，熟悉城市轨道交通系统对防火分区、防烟分区的要求，完成防火卷帘的基本启动操作。

知识准备

建筑的某个空间发生火灾时,火势会通过热对流、热辐射和热传导的作用向周围区域传播,烟气也会从楼板、墙壁的烧损处和门窗洞口等处向其他空间蔓延,严重影响人员安全疏散和消防扑救。因此,对规模大、面积大或层数多的建筑而言,有效地阻止火势及烟气在建筑的水平及竖直方向蔓延,将火灾限制在一定范围之内,是十分必要的。

一、防火分区和防烟分区的概念与分类

(一) 防火分区

防火分区是指在建筑内部采用防火墙、耐火楼板以及其他防火分隔设施分隔而成的局部空间。防火分区能在一定时间内有效地把火势控制在一定的范围内,以防止火灾向同一建筑其余部分蔓延,可以有效地减少火灾损失,同时为人员的安全疏散和消防扑救提供有利条件。防火分区是贯穿整个建筑防火和建筑消防设施的概念。在建筑防火和建筑消防设施中,消防电梯、防烟系统、自动喷水灭火系统(水流打指示器、末端试水阀等)、火灾自动报警系统等通常以防火分区或楼层为单位划分。防火分区的划分不是简单地按照面积大小划分,还应综合考虑使用性质、火灾危险性及耐火等级、建筑高度、消防扑救能力、建筑投资等因素。

1. 防火分区的分类

防火分区可分为水平防火分区和竖向防火分区。

(1) 水平防火分区

水平防火分区是指建筑某一楼层内采用具有一定耐火能力的防火分隔物(如防火墙、防火门、防火窗、防火卷帘等),按规定的建筑面积标准分隔的防火单元。水平防火分区的主要分隔措施是防火墙,根据功能需要,也可以采用防火门、防火窗、防火卷帘等分隔措施。防火墙上确需开设门、窗时,应采用甲级防火门、窗。水平防火分区如图 3-3 所示。

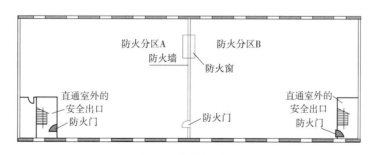

图 3-3 水平防火分区

(2) 竖向防火分区

竖向防火分区采用具有一定耐火能力的楼板、窗间墙等将建筑上下层分隔开。对竖向连通的建筑中庭、自动扶梯、楼梯间、管道井、窗槛墙等空间,一般采用防火卷帘、防火门、防火封堵等方式对上下楼层进行防火分隔。竖向防火分区如图 3-4 所示。

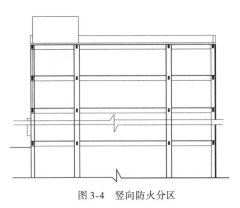

图 3-4 竖向防火分区

《建筑设计防火规范（2018 年版）》（GB 50016—2014）及其他相关规范均对建筑的防火分区面积做了明确的规定。民用建筑根据建筑类型、耐火等级、建筑高度或层数规定了防火分区的最大允许建筑面积，见表 3-1。

2. 城市轨道交通防火分区划分的规定

地下车站的站台和站厅公共区应划为一个防火分区，设备与管理用房区域的每个防火分区的最大允许使用面积不应大于 1500m²；当地下换乘车站共用一个站厅时，站厅公共区面积不应大于 5000m²。当地上的车站站厅公共区采用机械排烟时，防火分区的最大允许建筑面积不应大于 5000m²，其他部位每个防火分区的最大允许建筑面积不应大于 2500m²。

民用建筑允许建筑高度或层数、防火分区最大允许建筑面积　　表 3-1

名称	耐火等级	允许建筑高度或层数	防火分区的最大允许建筑面积（m²）	备注
高层民用建筑	一、二级	按规范确定	1500	对于体育馆、剧场的观众厅，防火分区的最大允许建筑面积可适当增加
单层、多层民用建筑	一、二级	按规范确定	2500	
	三级	5 层	1200	—
	四级	2 层	600	—
地下或半地下建筑（室）	一级	—	500	设备用房的防火分区最大允许建筑面积不应大于 1000 m²

（二）防烟分区

防烟分区是指在建筑内部设置挡烟设施分隔，能在一定时间内防止火灾烟气向同一防火分区的其余部分蔓延的局部空间。在设置排烟措施的过道、房间中，用隔墙或其他措施（可以阻拦和限制烟气流动）分隔区域。分隔物可以是隔墙、顶棚下凸出的结构梁、顶棚或吊顶下凸出的不燃烧体以及挡烟垂壁等。防烟分区能较好地保证在一定时间内火场产生的高温烟气不致随意扩散，有利于控制火灾发生时火灾烟气的扩散程度。防烟分区示意图如图 3-5 所示。

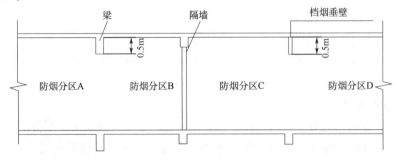

图 3-5 防烟分区示意图

防烟分区不应跨越防火分区。在设置排烟系统的场所或部位应划分防烟分区,防烟分区设置的面积过大,则烟气水平射流扩散时会卷吸大量的冷空气而沉降,不利于烟气的及时排出;防烟分区面积设置过小,则储烟能力减弱,烟气易蔓延至相邻的防烟分区。因此,防烟分区的划分应综合考虑建筑类型、建筑面积和高度、顶棚高度等因素。《建筑防烟排烟系统技术标准》(GB 51251—2017)对公共建筑、工业建筑防烟分区的最大允许面积及其长边最大允许长度的规定见表3-2。

公共建筑、工业建筑防烟分区的最大允许面积及其长边最大允许长度　　表3-2

空间净高 H（m）	最大允许面积（m^2）	最大允许长度（m）
$H \leqslant 3.0$	500	24
$3.0 < H \leqslant 6.0$	1000	36
$H \geqslant 6.0$	2000	60m;具有自然对流条件时,不应大于75m

注:1. 公共建筑、工业建筑中的走道宽度不大于2.5m时,其防烟分区的长边长度不应大于60m。
　　2. 当空间净高大于9m时,防烟分区之间可不设置挡烟设施。
　　3. 汽车库防烟分区的划分及其排烟量应符合现行国家规范《汽车库、修车库、停车场设计防火规范》(GB 50067—2014)的相关规定。

二、防火分隔设施

防火分隔设施是指能在一定时间内阻止火势蔓延,能把建筑内部空间分隔成若干较小防火空间的物体。防火分隔设施分为水平分隔设施和竖向分隔设施,包括防火墙、防火隔墙、防火门、防火窗、防火卷帘等。

(一) 防火墙

防火墙是防止火灾蔓延至相邻建筑或相邻水平防火分区且耐火极限不低于3h(甲、乙类厂房和甲、乙、丙类仓库内的防火墙,其耐火极限不应低于4h)的不燃性墙体,是建筑水平防火分区的主要防火分隔物,由不燃烧材料构成。防火墙上不应开设门、窗、洞口,确需开设的,应设置不可开启或火灾时能够自动关闭的甲级防火门、甲级防火窗等。

(二) 防火隔墙

防火隔墙是建筑内防止火灾蔓延至相邻区域且耐火极限不低于规定要求的不燃性墙体,是建筑功能区域分隔和设备用房分隔的特殊墙体。民用建筑内的剧院、电影院、礼堂与其他区域分隔,应采用耐火极限不低于2h的防火隔墙;附设在建筑内的消防控制室、灭火设备室、消防水泵房和通风空气调节机房、变配电室等,应采用耐火极限不低于2h的防火隔墙;锅炉房、柴油发电机房等内设置储油间时,应采用耐火极限不低于3h的防火隔墙与储油间分隔。

(三) 防火门

防火门是指在规定时间内能满足耐火稳定性、完整性和隔热性要求的门。根据《防火门》(GB 12955—2008)的规定,防火门按其耐火性能分为隔热防火门(A类)、部分隔热防火门（B类）和非隔热防火门（C类）。隔热防火门常用的耐火等级有甲级防火门（1.5h）、乙级防火门（1.0h）和丙级防火门（0.5h）。防火门按材料可以分为木质防火门、钢质防火门、钢木质防火门及其他材质防火门。我们常用的防火门是木质防火门（图3-6）和钢质防火门（图3-7）。

a) 单扇木质防火门　　b) 单扇带玻木质防火门　　c) 双扇木质防火门　　d) 双扇带玻木质防火门　　e) 木艺防火门

图3-6　常见的木质防火门

a) 单扇钢质防火门　　b) 单扇带玻钢质防火门　　c) 双扇钢质防火门　　d) 双扇带玻钢质防火门

图3-7　常见的钢质防火门

（四）防火窗

防火窗是指在一定时间内，能满足耐火稳定性和耐火完整性要求的窗。防火窗除了可以隔离和阻止火势蔓延，还具备通风、采光的功能。

（1）防火窗按结构形式的不同可分为固定式防火窗和活动式防火窗。固定式防火窗是指无可开启窗扇的防火窗，如图3-8所示。活动式防火窗是指有可开启窗扇且装有窗扇启闭控制装置的防火窗。窗扇启闭控制装置控制窗扇的开启和关闭，当达到一定温度时，防火窗可以自动关闭，如图3-9所示。

（2）防火窗按材质的不同主要可分为钢质防火窗、木质防火窗、钢木复合防火窗等，其中钢质防火窗的应用非常广泛。

城市轨道交通的两个防火分区之间应采用耐火极限不低于3h的防火墙和甲级防火门分隔，防火墙设有观察窗时，应采用甲级防火窗。城市轨道交通车站的行车值班室或车站控制室、变电所、配电室、通信及信号机房、通风和空调机房、气瓶间等重要设备用房，应采用耐火极限不低于3h的防火分隔墙和耐火极限不低于2h的楼板与其他部位隔开，建筑吊顶应采用不燃烧材料，防火分隔墙的门及窗应采用甲级防火门窗。

防火卷帘主要结构及工作原理

单元3　防排烟系统

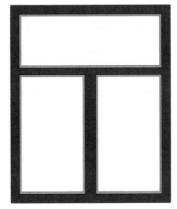

图 3-8　固定式防火窗　　　　图 3-9　活动式防火窗

防火墙、防烟楼梯间、避难走道、区间联络通道处的门应采用甲级防火门。防火分隔墙上的疏散门应采用乙级防火门，管道井的检查门可采用丙级防火门。设备管理区与公共区的临界面上的防火门以及安全出口、消防专用出入口、联络通道、防烟楼梯间的前室等处的防火门，应能保证火灾时不需要使用钥匙等工具向疏散方向开启，并应在显著的位置设置标识和使用方法提示。

（五）防火卷帘

防火卷帘广泛应用于商场、仓库、厂房、地下车库、饭店、大厦等工程的大空间防火隔断。火灾发生时，卷帘下降封闭，可局部代替防火墙或防火分隔墙，起到阻火控烟的作用。防火卷帘主要包括钢质防火卷帘、无机纤维复合防火卷帘、特级防火卷帘等。防火卷帘的启动方式有电动启动方式和手动启动方式。防火卷帘如图 3-10、图 3-11 所示。在城市轨道交通中，乘客的疏散通道上不应设置防火卷帘。

防火卷帘报警联动控制

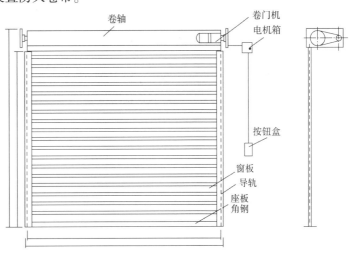

图 3-10　防火卷帘示例　　　　图 3-11　防火卷帘构造示意图

1. 防火卷帘的电动启动方式

在没有发出启动命令的情况下,制动机构锁定电机卷轴、链轮、帘面卷轴,此时帘面不会上升或下降。当防火卷帘控制器接到启动指令以后(消防联动控制器信号或手动按钮盒信号),向制动机构和电机发出启动指令,制动机构松开制动盘电机,通过卷轴、链轮,驱动帘面卷轴,带动帘面上升或下降,限位器跟随链轮移动,达到上限位或下限位时,向控制器发出停止指令。

2. 防火卷帘的手动启动方式

防火卷帘下降时,通过手拉链条带动链轮和压链板,卷帘靠自重缓慢匀速下降,当卷帘接近完全闭合时松开自重下落拉手。需防火卷帘上升时,拉动手拉链条即可上升。

(六)挡烟垂壁

挡烟垂壁是指用不燃材料制成的,垂直安装在建筑顶棚、梁或吊顶下,能在火灾时形成一定蓄烟空间的挡烟分隔设施,如图 3-12 所示。挡烟垂壁可分为固定式挡烟垂壁和活动式挡烟垂壁。

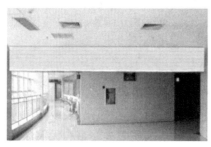
a) 钢板挡烟垂壁

b) 防火玻璃挡烟垂壁

图 3-12 固定式挡烟垂壁

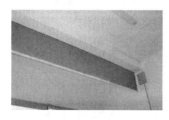

图 3-13 无机纤维织物挡烟垂壁

(1)固定式挡烟垂壁采用固定安装方式,能满足设定挡烟高度的挡烟垂壁。固定式挡烟垂壁的主要材料有钢板[图 3-12a)]、防火玻璃[图 3-12b)]等。

(2)活动式挡烟垂壁通常采用无机纤维织物(图 3-13),平时收缩在滚筒内,火灾发生时,可自动下放至挡烟工作位置,并满足设定挡烟高度要求。

任务实施

完成技能实训 3.1 防火卷帘的基本操作。

课后自学

观看视频:防排烟系统报警联动控制区域划分原则、防烟系统主要设置部位(1)、防烟系统主要设置部位(2),完成下列问题。

防排烟系统报警联动控制区域划分原则

防烟系统主要设置部位（1）

防烟系统主要设置部位（2）

1. 封闭楼梯间在不能自然通风或自然通风不能满足要求时，应设置_____系统或采用_____梯间。

2. 一个防火分区划分为多个防烟分区时，当某个防烟分区的两个独立的探测器报警时，启动所在防烟分区的_____排烟系统，同时启动所在防火分区的_____（正、负）压送风系统。

3. 排烟风机可采用离心风机或排烟轴流风机，排烟风机应能在_____℃的环境条件下连续工作不少于_____ min。

技能实训3.1 防火卷帘的基本操作

◆ **技能实训任务实施**

任务名称		防火卷帘的基本操作	任务编号	3.1
任务说明	一、任务要求 试根据所学知识、任务单的任务资料，结合现场防火卷帘实物，完成防火卷帘的基本操作。 二、任务实施目的 通过完成防火卷帘的操作，加深对防火卷帘构造、作用等的理解，增强动手能力及学习积极性。			
任务资料	操作注意事项如下： 1. 在操作使用过程中，操作人员不得擅自离开操作地点，应密切注意防火卷帘启闭情况和执行情况。在启闭时，卷帘下面不准有人站立、走动或有异物。防止行程开关失灵、卷帘卡死、电机受阻和发生其他事故。 2. 启闭前应检查是否有阻碍防火卷帘运行的障碍物，确认后方可启动。如果在运行过程中有异常声响应立刻停止运行。 3. 手动启闭和电动启闭不能同时使用，防火卷帘门启闭时，严禁门体下方站人或有其他障碍物。 4. 在使用过程中一旦发现异常情况应立即采取紧急措施，切断输入电源，排除故障。			
任务实施	防火卷帘的基本操作相关问题 1. 防火卷帘由哪些部分组成？ 2. 通过实际操作，简述防火卷帘的手动启动注意事项。 3. 通过实际操作，简述防火卷帘的电动启动注意事项。			

续上表

任务名称	防火卷帘的基本操作		任务编号	3.1
任务实施	4. 为什么乘客的疏散通道上不应设置防火卷帘？ 5. 拓展任务：何为防火卷帘一步降和两步降？两种方式有何不同？			
	完成防火卷帘的基本操作过程遇到了哪些问题？反思并完成分析报告。(字数不少于200字)			

◆ 技能实训任务考核

班级：＿＿＿＿＿　　姓名：＿＿＿＿＿　　学号：＿＿＿＿＿　　组别：＿＿＿＿＿

考核项目		分值	自评	考核要点
信息收集	信息收集情况	10		能正确运用教师所给资料，广泛利用网络等手段获取知识，基本掌握相关知识
任务实施	作业前准备	15		1. 劳保及安全防护用品应穿戴齐全。 2. 严格注意事项要求，完成操作前相关设备、人员检查
	操作过程	35		严格操作流程；正确进行操作；作业完毕后，须做到三清——设备清，人员清，工具清
	操作记录	20		完成字数要求，对操作过程的反思认真、客观、准确，分析报告表达清晰
	职业素养	10		遵章守纪、严谨认真、耐心细致
	创新意识	5		主动查阅国内外相关资料，提出有建设性的建议
	拓展知识	5		通过上网等手段，较完整地学习拓展知识
小计		100		
其他考核				
考核人员		分值	评分	考核要点
（指导）教师评价		100		结合任务实施过程的综合表现进行评价
小组互评		100		结合自评表中的相关要求，给予中肯评价
总评		100		总评成绩 = 自评成绩×10% + 指导教师评价×75% + 小组评价×15%

单元 3.3 防排烟系统的设备及部件

任务陈述

熟悉防排烟系统的设备及部件，认知城市轨道交通防排烟系统运行方式。

知识准备

一、风机

风机是环控系统中一种使用较多的设备，其主要功能是将空气从一个区域输送到另一个区域。风机主要有离心式风机和轴流式风机。空气沿着叶轮的水平方向流入，与流入方向成 90°角流出的风机称为离心式风机。空气沿着风机叶轮的水平方向流入、流出，即空气的流入与流出在一条轴线上的风机称为轴流式风机。城市轨道交通消防系统常采用轴流式风机，其具有风量大、风压高、效率高、可逆转、切换时间短、运行平稳等特点。

（一）隧道风机

隧道风机为轴流式风机，设置在车站两端的设备房、区间通风机房内，用于区间隧道、站台隧道通风、排烟。隧道风机主要由叶片、电机、机壳、轮毂、轴、轴承、电机支撑板、前导流栅、后导流栅、整流罩组成。隧道风机可分为可逆转耐高温轴流通风机（TVF 风机）、单向运转耐高温变频轴流通风机［排热风机，UOF（B）风机］、回/排风机［HPF（B）风机］、可逆转耐高温变频轴流风机［排热/隧道风机，UO/TVF（B）风机］等。

城市轨道交通车站一般在车站的两端各设置两台隧道风机，各自负责一条隧道（左线或右线）的通风排烟；在无活塞风时，对隧道进行机械通风或在火灾工况下进行排烟；同时，如果一端隧道风机因故障不能运行，另一端隧道风机可通过电动调节阀调节实现对故障端隧道风机负责的区域的通风排烟。

（二）射流风机

射流风机是一种特殊的双向（正反转）轴流式通风机，其前后端均自带消声风筒，用于调节区间内某一段压力、通风量及辅助排烟。运行时，射流风机将隧道中一部分空气从风机一端吸入，经叶轮加速后由风机的另一端高速射出，使隧道内空气向设定方向流动。

图 3-14 射流风机

射流风机主要由消声器、叶轮、机壳、电机等部件组成。双向射流风机整机正反转具有完全相同的性能。地下区间内排烟射流风机宜备用一组，且不宜吊装在隧道的上方。射流风机排烟时，要保证在 250℃时能连续有效工作 1h。城市轨道交通排烟风机宜设置在排烟区的同层或上层，并宜与补风机、加压送风机分别设置在不同的机房内。射流风机如图 3-14 所示。

二、风亭

风亭是车站的一个通风设施,是城市轨道交通车站及区间隧道与外界进行空气交换的端口,在火灾工况下兼具事故排烟的功能,是城市轨道交通通风空调系统不可缺少的部分。风亭按使用功能的不同分为新风亭、排风亭和活塞风亭等。新风亭将地面新鲜空气吸入地下空间;排风亭则将地下空间的气体排出,使得城市轨道交通内外空气能够循环流通,是站台隧道轨顶排风、站台下排风和车站空调大、小系统排风等的出口;活塞风亭是将列车运行时产生的活塞风排出的风口。

地面风亭可独立修建或与其他地面建筑物合建。若独立修建则建筑处理尽量与周围环境协调。风亭与地面环境、城市规划、物业开发、既有建筑物等有着紧密相关的联系,受施工工期不同步的影响,给设计与修建地面出入口及风亭增加了许多不确定的因素,应合理地处理好通风和防排水问题。单独修建的地面风亭,其位置应符合当地城市规划部门的规划要求,一般都设在建筑红线以内。如有困难不能设在建筑红线以内,应经过当地城市规划部门的同意,再选择其位置。风亭与建筑物合建时,要与该建筑的特点、造型相协调,并应考虑该建筑物重新开发时不致影响其功能。风亭应布置在外界环境污染不超标,且不易堵塞交通(包括人行和车流),开阔、空气流通的地方。风亭如图 3-15 所示。

三、防火阀

防火阀主要应用在通风空调系统中,其在 70℃ 时自动关闭,用于防止烟气的蔓延。防火阀的动作温度可以根据设置场所进行调整。例如,厨房的排油烟管道设置防火阀时,应设置动作温度为 150℃ 的防火阀。防火阀如图 3-16 所示。

图 3-15　风亭　　　　　　　　　　　图 3-16　防火阀

安装在通风、空调系统的送、回风管道上的防火阀,平时呈开启状态,火灾时当管道内的烟气温度达到 70℃ 时关闭,并在一定时间内满足漏烟量和耐火完整性的要求,起到隔烟阻火的作用。防火阀一般由阀体、叶片、执行机构和温度传感器等部件组成。

《地铁设计防火标准》（GB 51298—2018）规定，除隧道通风系统外，下列部位应设置防火阀，防火阀的动作温度应根据风管的用途确定。

(1) 垂直风管与每层水平风管相接处的水平管段上。
(2) 排烟风机的入口处。
(3) 风管穿越防火分区的防火墙和楼板处。
(4) 风管穿越有隔墙的变形缝处。

四、排烟防火阀

排烟防火阀是安装在机械排烟系统的排烟管道或排烟风机入口管道上的阀门。工程中根据实际情况常用的排烟防火阀包括常开型排烟防火阀、远程控制型排烟防火阀和自动复位型排烟防火阀等。排烟防火阀在一定时间内能满足漏烟量和耐火完整性的要求，起隔烟阻火作用。排烟防火阀如图3-17所示。

图3-17 排烟防火阀

五、排烟阀、排烟口

排烟阀安装在机械排烟系统支管上或支管端部（烟气吸入口），平时呈关闭状态并满足漏风量要求；火灾或需要排烟时手动和电动（自动）打开，起到排烟的作用。排烟阀如图3-18所示。

排烟阀一般由阀体、叶片、执行机构等部件组成，当多个防烟分区共用机械排烟系统时，可以通过排烟阀实现分区控制。带有装饰口或进行过装饰处理的阀门称为排烟口，我们常见的排烟口有多叶排烟口（图3-19）和板式排烟口等。

图3-18 排烟阀　　　　　图3-19 多叶排烟口

任务实施

依托轨道实训中心,分组研究城市轨道交通防排烟系统的设备及部件。每个小组派一个代表,在规定时间内说出城市轨道交通防排烟系统主要设备及其组成部件,说得多且正确的小组获胜。

课后自学

观看视频防火阀、排烟防火阀、排烟阀、加压送风口,完成下列问题。

1. 排烟阀应用在机械_____系统中,可手动或自动关闭。当多个防烟分区共用机械排烟系统时通过排烟阀实现分区控制,排烟阀应用在_____系统中。

2. 排烟风机入口处的总管上应设置_____阀,该阀应与排烟风机连锁,当该阀关闭时,排烟风机应能_____(开始、停止)运转。

防火阀、排烟防火阀、排烟阀、加压送风口

单元3.4 城市轨道交通通风防排烟系统运行模式

任务陈述

熟悉城市轨道交通通风防排烟系统的基本技术要求,认知地下车站公共区域、区间隧道通风防排烟系统火灾工况的运行模式,掌握站台门系统站厅火灾工况下通风防排烟系统运行模式的操作方法。

知识准备

一、城市轨道交通通风防排烟系统的基本技术要求

城市轨道交通火灾同一时间只考虑一处发生火灾。地下站厅站台、设备管理用房、区间隧道内必须设置防烟、排烟与事故通风系统。机械防烟系统和机械排烟系统可与正常的通风系统合用,合用的通风系统应符合防排烟系统的要求,且该系统由正常运转模式转为防烟或排烟运转模式的时间不应大于180s。

区间隧道发生火灾时,应能背向乘客疏散方向排烟,迎着乘客的疏散方向送新风,乘客从站台迎着气流撤向站厅和地面。列车阻塞在区间隧道时,应能对阻塞区间进行有效通风。地面和高架车站应采用自然排烟,确有困难,应设置机械排烟。

二、地下车站公共区域通风防排烟系统火灾工况的运行模式

当城市轨道交通采用地面和高架形式时,火灾工况疏散路径较为简单,与其相匹配的通风防排烟运作模式可以参照地面建筑的设计要求。当城市轨道交通采用地下形式时,由于火灾发生地点的不同,人员疏散路径以及与其相匹配的通风防排烟运作模式也不同,主

要分为站台层火灾、站厅层火灾、设备管理区火灾、车轨区火灾、区间隧道火灾和辅助线段区间火灾等工况运作模式。本部分主要介绍地下车站和区间隧道火灾工况下人员疏散和通风防排烟的运作模式。

（1）当车站发生火灾时，开启车站通风排烟系统，控制火灾烟气在起火层，不进入安全区，疏散路径内烟气层应保持在1.5m及以上高度，在疏散楼梯口形成1.5 m/s的向下气流，阻止烟气蔓延至起火层以上的楼层，使人员迎着新风疏散。

（2）位于站厅的自动检票机门处于敞开状态，同时打开位于非付费区和付费区之间所有的栅栏门，使乘客无阻挡地通过出入口，疏散到地面。

（3）确认火灾后，应通过应急广播、信息显示或人员管理等措施，劝阻地面出入口处的乘客进入车站。

（4）确认火灾后，控制中心调度应使其他列车不再进入事故车站或快速通过不停站。车站设置了全封闭站台门时，车站公共区着火，列车过站的全封闭站台门应联动关闭。当地铁站台安装非全封闭站台门时，列车应减速过站，以减少活塞风对车站烟气扩散的影响。如地下车站公共区域排烟系统与正常通风的排风系统兼用，系统应满足正常排风及火灾时排烟的要求。

地下车站公共区域防排烟系统不同系统形式、不同火灾发生位置的火灾工况的运行模式见表3-3。

车站公共区域火灾工况下通风防排烟系统的运行模式　　表3-3

系统形式	火灾发生位置	设备部件的动作情况		开关状态	目的作用
		动作位置	动作情况		
开闭式系统	站厅	站厅	送风管防烟防火阀	关	通过出入口进行补风，使得出入口通道形成由地面至车站的向下气流，使乘客迎着气流方向撤离地面。防止烟气蔓延到站台而影响乘客的安全
		站台	回排风管排烟防火阀、回风管防火阀	关	
		站厅	排烟风机（回排风机）	开	
		站台	空调箱送风机	关	
	站厅	站厅	送风管防烟防火阀	关	通过出入口进行补风，使得出入口通道形成由地面至车站的向下气流，使乘客迎着气流方向撤离地面；站台不进行送排风，依靠站厅和站台形成的压差防止烟气蔓延到站台
		站台	送风管防烟防火阀	关	
		站台	回排风管排烟防火阀、回风管防火阀	关	
		站厅	排烟风机（回排风机）	开	
	站台1	站厅	回排风管排烟防火阀	关	使站台到站厅层的楼梯形成向下的气流，便于人员安全疏散至站厅层及地面
		站台	送风管防烟防火阀	关	
		站台	排烟风机（回排风机）	开	
		站厅	空调箱送风机	关	
	站台2	站厅	回排风管排烟防火阀、防烟防火阀	关	通过出入口进行补风，使站台到站厅层的楼梯形成向下的气流，便于人员安全疏散到站厅层和地面
		站台	送风管防烟防火阀	关	
		站台	排烟风机（回排风机、排热风机等）	开	
		站厅	空调箱送风机	关	

单元3　防排烟系统

续上表

系统形式	火灾发生位置	设备部件的动作情况		开关状态	目的作用
		动作位置	动作情况		
站台门系统	站厅	站厅	送风管防烟防风阀	关	通过对站台送风，防止烟气蔓延到站台而影响乘客的安全。通过出入口补风，使得出入口通道形成由地面至车站向下的气流，使乘客迎着气流方向撤向地面
		站台	回排风管排烟防火阀、回风防火阀	关	
		站厅	排烟风机（回排风机）	开	
		站台	空调箱送风机	关	
	站厅	站厅	送风管防烟防风阀	关	通过出入口补风，使得出入口通道形成由地面至车站向下的气流，使乘客迎着气流方向撤向地面
		站台	送风管防烟防风阀	关	
		站台	回排风管排烟防火阀、回风防火阀	关	
		站台	排烟风机（回排风机）	开	
	站台 3	站厅	回排风管排烟防火阀	关	使站台到站厅层的楼梯形成向下的气流，便于人员安全疏散到站厅层及地面
		站台	送风管防烟防风阀	关	
		站台	排烟风机（回排风机、排热风机）	开	
		站厅	空调箱送风机	关	
	站台 3	站厅	回排风管排烟防火阀、防烟防风阀	关	通过出入口补风，使站台到站厅层的楼梯形成向下的气流，便于人员安全疏散到站厅层
		站台	送风管防烟防风阀	关	
		站台	排烟风机（回排风机、排热风机等）	开	
		站厅	空调箱送风机	关	

注：1. 由于车站规模、建成时间、建筑形式和设备配置等存在差异，车站站厅、站台等火灾工况的设备动作也有差异，车站站厅、站台火灾工况下动作设备应以该站实际设计工况动作为准。
2. 站台发生火灾（包括上下行轨行区火灾）。
3. 站厅发生火灾（不包括上下行轨行区火灾）。

三、区间隧道通风防排烟系统火灾工况运行模式

区间隧道的通风排烟系统火灾工况运行模式包括自然通风和机械通风。

（一）自然通风

在区间隧道的一端，对应每条隧道有直通地面的活塞风井，正常运行工况下，通过列车行驶产生的活塞效应，实现隧道与地面的换气。

（二）机械通风

在区间隧道的端部设风亭，风道内安装风机，利用风机排风实现区间隧道内的通风换气。通风系统使用自然通风还是机械通风常根据当地环境、车站埋深等因素决定。

列车在区间内发生火灾时，在列车完好且未失去动力的情况下，应将列车开行至前方车站，在车站组织人员疏散；当火灾列车滞留在区间隧道中无法运行时，排烟模式一般由中央控制室调度，根据列车在隧道内的位置、发生火灾的车厢位置和数量、火源距安全通道的距离等因素决定送风和排烟的方向。隧道前后两端车站的隧道通风系统应协调运作，一端向隧道内送风，另一端排风，共同形成一股流过隧道的气流。排烟空气流动方向与人

员疏散方向相反，使疏散区处于新风区段，并保持流经区间隧道断面的气流速度大于 2.0m/s，且高于计算临界烟气控制流速，但排烟流速不得大于 11m/s 的设计要求，并应保证烟气不进入车站隧道区域。

站台门系统车站与开（闭）式系统车站区间防排烟模式大致相同，两者的区别主要是站台门系统在车站站台车轨区安装站台门，城市轨道交通区间的隧道可视为一个完整的区间风道，区间隧道的通风（排烟）效率要高于开（闭）式系统。因此，站台门系统车站在区间隧道的防排烟模式所投入的防排烟设备较开（闭）式系统，无论是配置数量、投用数量还是功率容量等都较少和较小。需要说明的是，由于不同车站的规模、建成时间、区间建筑形式和设备配置等方面的差异，区间隧道火灾工况的动作设备有所不同，因此车站区间隧道火灾工况下动作设备应以实际设计工况动作为准。

任务实施

完成技能实训 3.2 模拟站台门系统站厅火灾工况下防排烟系统运行模式基本操作。

课后自学

观看视频：机械排烟系统——为什么要设置排烟防火阀，完成下列问题。

1. 当管道内烟气温度达到_____℃时，防火阀自动关闭。
2. 在机械排烟系统的哪些部位需要设置 280℃时能自动关闭的防火阀？

机械排烟系统——为什么要设置排烟防火阀

职业要求

一、职业意识

生命至上。

二、引导问题

1. 你认为"人命关天就是管好自己、自己的家人、朋友"这种观点是否正确？
2. 你认为城市轨道交通火灾中应当从哪些方面理解"生命至上"的理念？

三、引导案例

网上查阅 2020 年 9 月 8 日新华社发表的《为了保护人民生命安全，我们什么都可以豁得出来！》：从出生仅 30 多个小时的婴儿到 100 多岁的老人，从在华外国留学生到来华外国人员，每一个生命都得到全力护佑，人的生命、人的价值、人的尊严得到悉心呵护。这是中国共产党执政为民理念的最好诠释！这是中华文明人命关天的道德观念的最好体现！这也是中国人民敬仰生命的人文精神的最好印证！

四、问题思考

结合所学知识，你认为抗击新冠肺炎疫情与城市轨道交通消防在生命至上的理念上有哪些共通之处？

单元3 防排烟系统

技能实训3.2 模拟站台门系统站厅火灾工况下防排烟系统运行模式基本操作

◆ 技能实训任务实施

任务名称	模拟站台门系统站厅火灾工况下 防排烟系统运行模式基本操作	任务编号	3.2
任务说明	一、任务要求 试根据所学知识，结合轨道实训中心防排烟系统模型及通风系统控制柜等设备，模拟站厅火灾工况下防排烟系统操作并推演系统操作的可行性。 二、任务实施目的 模拟在轨道交通实训场完成火灾工况下防排烟系统运行模式操作，加深对防排烟系统构成、系统设备等的认识；增强对火灾工况下防排烟系统运行模式操作的系统把握，增强动手能力及学习积极性。防排烟系统实训场如图3-20所示，地铁车站模拟系统如图3-21所示。   图3-20 防排烟系统实训场　　图3-21 地铁车站模拟系统		
任务实施	模拟站台门系统站厅火灾工况下防排烟系统运行模式操作相关问题 1. 地下车站公共区域防排烟系统火灾运行模式的原则是什么？ 2. 火灾工况下开闭式系统与站台门系统在消防系统设置方面有何不同？ 3. 简单描述站台门系统站厅火灾工况下防排烟系统运行模式。		

63

续上表

任务名称	模拟站台门系统站厅火灾工况下防排烟系统运行模式基本操作	任务编号	3.2
任务实施	4. 通过模拟站台门系统站厅火灾工况下防排烟系统运行模式，思考其是否与所学内容一致。 5. 根据实际情况，结合表 3-3 车站公共区域火灾工况下防排烟系统的运行模式中其他类型的运行模式，在实训室模型上进行模拟演练。 在轨道交通实训中心设备模拟操作过程中有何体会？完成总结报告。（字数不少于 200 字）		

◆ **技能实训任务考核**

班级：_____ 姓名：_____ 学号：_____ 组别：_____

考核项目		分值	自评	考核要点
信息收集	信息收集情况	10		能正确运用线上线下资料，广泛利用网络等手段获取知识，基本掌握相关知识
任务实施	作业前准备	15		1. 劳保及安全防护用品应穿戴齐全、注意消防安全。 2. 严格注意事项要求，完成操作前相关设备、人员检查
	操作过程	30		严格操作流程；正确进行操作；作业完毕后，须做到三清——设备清、人员清、工具清
	操作记录	20		完成字数要求，对操作过程的反思认真、客观、准确，总结报告表达清晰深刻
	职业素养	10		遵章守纪、严谨认真、耐心细致
	团队参与度	10		主动参与团队工作，认真完成布置的任务
	创新意识	5		主动查阅国内外相关先进知识，提出有建设性的建议
小计		100		
其他考核				
考核人员		分值	评分	考核要点
（指导）教师评价		100		结合任务实施过程的综合表现进行评价
小组互评		100		结合自评表中的相关要求，给予中肯评价
总评		100		总评成绩 = 自评成绩 ×10% + 指导教师评价 ×75% + 小组评价 ×15%

单元 4

消火栓系统

单元概述

　　消火栓系统是指由室内消火栓箱、消火栓管网、室外消火栓、水泵接合器、阀门及增压水泵、稳压设施、电气控制箱等组成的系统。消火栓灭火系统是常用的灭火系统，其在轨道交通地面、地下和高架中都是主要的消防灭火设备，是一种既及时又有效的灭火工具。本单元重点讲述了消火栓系统的组成、分类、工作原理、工作流程，室内外消火栓系统的设置要求及分类，消火栓系统运行操作基本要求，消火栓系统施工图识读的基本方法。

学习目标

目标要求	知识目标	1. 掌握消火栓系统的组成、分类、工作原理、工作流程。 2. 熟悉室内外消火栓系统的设置要求及分类。 3. 熟悉消火栓系统施工图识读方法。 4. 掌握消火栓系统现场认知及与消火栓系统施工图对照方法。 5. 熟悉消火栓系统运行操作要求。
	能力目标	1. 通过搜集、访问相关网站等方法培养快速收集信息的能力；通过撰写调查报告、现场讲解等锻炼，提升对文字等的组织能力及语言表达能力。 2. 通过消火栓系统施工图识图、消火栓系统现场认知、消火栓系统灭火操作，培养理论与实际相结合的能力及动手操作能力。 3. 通过分析韩国大邱地铁火灾情况，提高举一反三、综合研判、解决问题的能力。
	素质目标	1. 通过对信息的学习、处理及规范操作设备设施等，养成主动学习的习惯。 2. 通过施工图识读及消火栓系统灭火操作，培养严谨认真、耐心细致的工作作风，提高学习积极性。 3. 通过本单元引导案例的学习，培养努力奋斗的精神，实现中华民族伟大复兴的崇高理想。

单元 4.1 消火栓系统的组成与分类

任务陈述

掌握消火栓系统的组成、分类、工作原理、工作流程,认知消火栓系统,完成室内临时高压消火栓系统的灭火操作,识读消火栓系统施工图。

知识准备

室内消火栓系统主要供火灾现场人员扑灭初期火灾使用,由供水设施、室内消火栓、配水管网和阀门等组成。室内消火栓系统是建筑消防中应用广泛的一种消防设施。当建筑内发生火灾时,室内消火栓系统既可供火灾现场人员就近利用消防水枪、消防软管卷盘等扑救初期火灾,又可供消防救援人员扑救建筑火灾。

室外消火栓系统是指由供水设施、室外消火栓、配水管网和阀门等组成的系统。车站消防给水系统的进水管不应少于 2 条,并宜从两条市政给水管道引入。当一条进水管发生故障时,另一条进水管应仍能保证全部消防用水的水量;当车站周边仅有一条市政枝状给水管道时,应当设置消防水池。

一、室内消火栓箱

消火栓箱箱体一般由冷轧薄钢板弯制焊接而成,箱门材料除全钢型、钢框镶玻璃型、铝合金框镶玻璃型外,还可以根据消防工程的特点,结合室内建筑装饰的要求来制作。箱门表面必须喷涂明显的"消火栓"标志。室内消火栓箱如图 4-1 所示。

图 4-1 室内消火栓箱

车站的站厅层、站台层、设备与管理用房、地下区间及长度大于 30m 的人行通道等处均应设置室内消火栓箱。站台层的消火栓箱设在楼梯间靠近公共区的侧墙上和站台层两端头。为便于维护、管理与使用,同一轨道交通建筑物内应选用同一型号、规格的消火栓水枪和水带。消火栓箱的间距应经计算后确定,并且单口单阀消火栓箱的间距不应大于 30m,地下区间及配线区内消火栓箱的间距不应大于 50m,人行通道内消火栓箱的间距不应大于 20m。除地下区间外,消火栓箱内应配备水带、水枪和消防软管卷盘;地下区间可不设消火栓箱,但应将水带、水枪等配套消防设施设置在车站站台层端部的专用消防箱内,并应有明显标志。

(一) 消防水枪和水带

1. 消防水枪

消防水枪(图 4-2)是指由单人或多人携带或操作的,以水作为灭火剂的喷射水枪,通过不同的水射流形式实现灭火、冷却保护、隔离、稀释等多种消防功能，具有射程远、水量大等优点。消防水枪常用的接口公称通径为 50mm 和 65mm，喷嘴口径对应有 13mm、16mm、19mm 和 22mm 等。

2. 消防水带

消防水带是消防现场输水用的软管，如图 4-3 所示。消防水带按衬里材料不同可以分为橡胶、乳胶、聚氨酯、聚氯乙烯等消防软管，按内口径可分为 25mm、50mm、65mm、80mm 等消防水带，按结构可分为单层编织、双层编织、内外涂层等消防水带，按编织层编织方式可分为平纹消防水带和斜纹消防水带。城市轨道交通消火栓箱一般配备口径 19mm 水枪和直径 65mm 水带，水带长度为 25m。

图 4-2 消防水枪

图 4-3 消防水带

3. 水带接扣

水带接扣用于水带、消防车、消火栓、水枪之间的连接，以便输送水-泡沫混合液进行灭火，如图 4-4 所示。它由本体、密封圈座、橡胶密封圈和挡圈等零部件组成，密封圈座上有沟槽，用于扎水带。水带接扣具有密封性好、连接既快又省力、不易脱落等特点。

图 4-4 水带接扣

（二）室内消火栓

室内消火栓是安装在室内消防管网中带有阀门的栓体，可以通过与消防接口、水带、水枪等设施连接后供水灭火。《消防给水及消火栓系统技术规范》（GB 50974—2014）规定，室内消火栓可与消防软管卷盘、轻便水龙设置在同一箱体内。站厅层、侧式站台层和车站设备管理区宜设置单口单阀消火栓，岛式站台层宜设置两只单口单阀为一组的消火栓。

室内消火栓由阀体、阀盖、阀杆、阀瓣、阀座、伞形手轮等组成。室内消火栓如图 4-5 所示。

图 4-5 室内消火栓

按出水口形式的不同，室内消火栓可分为单出口消火栓、双出口消火栓。

按结构形式的不同，室内消火栓可分为直角出口型、45°出口型、旋转型、减压型、旋转减压型、减压稳压型、旋转减压稳压型及异径三通型等。根据《消防给水及消火栓系统技术规范》（GB 50974—2014）规定，室内消火栓的栓口安装高度应便于消防水龙带的连接和使用，其距地面高度宜为1.1m，出水方向宜与墙面成90°角或向下。

室内消火栓的其他技术指标可自主学习《室内消火栓》（GB 3445—2018）等。

（三）消火栓箱

消火栓箱是指固定安装在建筑物内的消防给水管路上，由箱体、室内消火栓、消防接口、消防水带、消防水枪、消防软管卷盘（选配）、消防水龙（选配）及电气设备等消防器材组成，具有给水、灭火、控制（选配）及报警（选配）等功能的箱式消防装置。消火栓箱如图4-6所示。按规范的定义，室内消火栓仅指栓体部分，并不包括箱体、消防接口、水带、水枪等消防器材，但在实际应用过程中，人们常说的室内消火栓就是指消火栓箱，包括消火栓箱需要配备的全套消防器材。

（1）消火栓箱按安装方式不同可分为明装式消火栓箱［图4-6a)］、暗装式消火栓箱［图4-6b)］、半暗装式消火栓箱［图4-6c)］。消火栓箱按安装方式分类如图4-6所示。

a) 明装式　　　　b) 暗装式　　　　c) 半暗装式

图4-6　消火栓箱按安装方式分类

（2）消火栓箱按照箱门形式的不同可分为左开门式消火栓箱、右开门式消火栓箱、双开门式消火栓箱、前后开门式消火栓箱等，如图4-7所示。

（3）消火栓箱按照箱门材料不同可分为全钢型消火栓箱、钢框镶玻璃型消火栓箱、铝合金框镶玻璃型消火栓箱、其他材料型消火栓箱，如图4-8所示。

（4）消火栓箱按照水带放置方式可分为挂置式消火栓箱、盘卷式消火栓箱、卷置式消火栓箱、托架式消火栓箱等，如图4-9所示。

实际应用中，消火栓箱附带其他功能的情况是比较多见的，如带消防软管卷盘的消火栓箱［图4-10a)］、带轻便消防水龙的消火栓箱［图4-10b)］、带应急照明的消火栓箱［图4-10c)］、带灭火器的消火栓箱等［图4-10d)］。

消火栓箱的其他技术指标可自主学习《消火栓箱》（GB/T 14561—2019）等。

单元4 消火栓系统

a) 左开门式消火栓　　　　b) 右开门式消火栓

c) 双开门式消火栓　　　　d) 前后开门式消火栓

图 4-7　消火栓箱按箱门形式分类

a) 全钢型　　　b) 钢框镶玻璃型　　　c) 铝合金框镶玻璃型　　　d) 其他材料型

图 4-8　消火栓箱按箱门材料分类

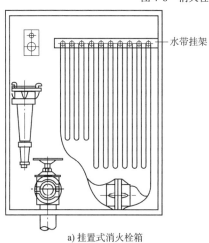 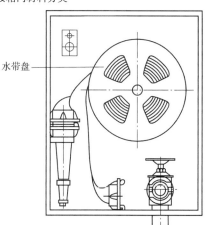

a) 挂置式消火栓箱　　　　　　　　b) 盘卷式消火栓箱

图　4-9

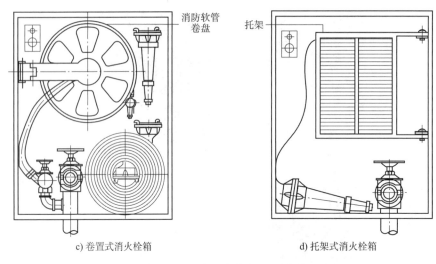

c) 卷置式消火栓箱   d) 托架式消火栓箱

图 4-9　消火栓箱按水带放置方式分类

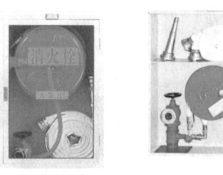 

a) 带消防软管卷盘的消火栓箱   b) 带轻便消防水龙的消火栓箱

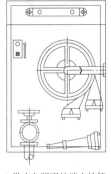 

c) 带应急照明的消火栓箱   d) 带灭火器的消火栓箱

图 4-10　消火栓附带其他功能式样

二、消防水泵

消防水泵是在消防给水系统（包括消火灭火栓系统、自动喷水灭火系统等）中用于保证系统供水压力和水量的给水泵，如消火栓泵、喷水泵等。消防水泵是消防给水系统的心脏，其工作状况的好坏直接影响着灭火的成效。城市轨道交通常用的消防泵为 IS 型清水离心水泵。

消防给水系统中使用的水泵多为离心泵。离心泵（图4-11）主要由蜗壳形的泵壳、泵轴、叶轮、吸水管、压水管和底阀等组成。离心泵的工作原理是利用叶轮旋转而使水产生离心力。离心泵启动前须保证泵壳和吸水管内注满水，然后驱动电机，泵轴带动叶轮和水高速旋转，水被离心力甩向叶轮外缘，并汇集到泵壳体内，经蜗壳形泵壳的流道而流入水泵的压水管路；同时水泵叶轮中心处由于水被甩出而形成真空状态，在大气压力的作用下吸水池中的水被吸进泵壳。叶轮不停地转动，水不断地被甩出，又不断地被补充，达到连续输水的目的。

图4-11 离心水泵

三、消防水泵接合器

消防水泵接合器（图4-12）是指固定设置在建筑物外，用于消防车或机动泵向建筑物内消防给水系统输送消防用水或其他液体灭火剂的连接器具。消防水泵接合器一般由本体、消防接口、安全阀、水流止回和水流截断装置等组成。消防水泵接合器是用于外部增援供水的措施，当消防水泵（或消防给水系统）不能正常供水时，由消防车连接水泵接合器向消防给水系统管道供水。

a) 地上式水泵接合器　　b) 地下式水泵接合器　　c) 墙壁式水泵接合器

图4-12 消防水泵接合器

消防水泵接合器按安装形式常见的有地上式、地下式和墙壁式等。地上式消防水泵接合器适用于温暖地区；地下式消防水泵接合器（应有明显标志）适用于严寒和寒冷地区；墙壁式安装不占位置，使用方便，但设置不明显。消防水泵接合器出口的公称通径可分为100mm和150mm两种。消防水泵接合器按连接方式的不同可分为法兰式和螺纹式。

消防水泵接合器的其他技术指标可自主学习《消防水泵接合器》（GB 3446—2013）等。

四、消防软管卷盘

消防软管卷盘是一种能迅速展开软管并喷射灭火剂的灭火器具。消防软管卷盘可以输送水、干粉、泡沫等灭火剂，是一种供非职业消防人员扑救室内初期火灾使用的消防装置。消防软管卷盘明确了输送管道为软管，不是消防水带，是室内消火栓设施的有效补充。与室内消火栓设备相比，其喷枪直径小、流量小、反作用力小、操作简单方便，无须经过培训，一般人员均可使用，是扑灭初期火灾有效快捷的措施。消防软管卷盘如图 4-13 所示。《地铁设计防火标准》（GB 51298—2018）明确规定，除地下区间外，消火栓箱内应配备水带、水枪和消防软管卷盘。

五、轻便消防水龙

轻便消防水龙设置在自来水供水管路上，是由专用消防接口、水带及水枪等组成的小型简便的喷水灭火设备。从配置上讲，轻便消防水龙和消火栓水带水枪并无本质区别，轻便消防水龙可视为消防水带水枪的小规格产品。轻便消防水龙可以直接连接自来水管，也可以连接消防管网。轻便消防水龙的安装方式较为随意，多为独立式安装，也可以配套安装在室内消火栓内。轻便消防水龙如图 4-14 所示。

图 4-13　消防软管卷盘　　　　图 4-14　轻便消防水龙

轻便消防水龙的其他技术指标可自主学习《轻便消防水龙》（XF 180—2016）等。

六、消火栓管网

室内消防给水系统应与生活、生产给水系统分开独立设置。消防给水管道上的阀门应保持常开状态，并应有明显的启闭标志，便于识别。在寒冷和严寒地区，车站站厅与室外连通的消防给水管道如有地上部分，应采取防冻措施。车站消防管道出消防泵房后，在车站内形成环网布置，并与相邻上下行线区间隧道内的消火栓管道连通。当本站消火栓增压水泵不能工作或二路消防供水断水时，可以由相邻两个车站的消火栓增压泵增压供水。

七、室外消火栓

室外消火栓是设置在建筑物外消防给水管网上或市政给水管网上的供水设施，是扑救火灾的重要消防设施之一。室外消火栓是以消防救援人员使用为主，以单位志愿消防队等应用为辅的消防设施，可以供消防车从市政给水管网或室外给水管网取水，也可以连接水带给消防车直接灌水，或连接水枪水带直接出水灭火。

（一）地上式室外消火栓

地上式室外消火栓设置在地面以上，进水口为 DN100 的地上式消火栓，有两个消防水带接口（DN65）和一个消防车接口（DN100）；进水口为 DN150 的地上式消火栓，有两个消防水带接口（通常为 DN65 和 DN80 各一个）和一个消防车接口（DN150）。地上式室外消火栓如图 4-15 所示。

（二）地下式室外消火栓

地下式室外消火栓设置在地下消火栓井内，具有防冻、不易遭到人为损坏等优点，适合北方寒冷、严寒地区使用。但地下式室外消火栓井口较小，冬季消防员着装较厚，下井操作较困难。同时地下式消火栓较易锈蚀，开启费力，因此推荐采用地上式消火栓。地下式消火栓有一个消防水带接口和一个消防车接口。地上式室外消火栓如图 4-16 所示。

图 4-15　地上式室外消火栓　　　图 4-16　地下式室外消火栓

室外消火栓的其他技术指标可自主学习《室外消火栓》（GB 4452—2011）等。

八、消防水鹤

消防水鹤是一种城市给水系统消防专用取水设施，可以在各种天气条件下使用，尤其是在北方寒冷或严寒地区，可以有效地为消防车提供补水。消防水鹤由地下部分（主控水阀、排放余水装置和启闭联动机构等）和地上部分（消防水带接口、旋转机构、伸缩机构等）组成，具有可摆动、可伸缩、防冻、启闭快速等特点，多用于消防车的快速上水。

消防水鹤应至少配置一个消防水带接口（一般同时具备 DN65 和 DN80 两个消防水带接口），在关闭出口阀门以后，可以通过消防水带接口，连接消防水枪和水带直接灭火。消防水鹤如图 4-17 所示。

图 4-17　消防水鹤

任务实施

完成技能实训 4.1 教学楼室内外消火栓系统认知、技能实训 4.2 火灾案例分析。

课后自学

观看视频：防火阀、排烟防火阀、排烟阀、加压送风口，完成下列问题。

1. 防火阀主要应用在通风空调系统中，_____℃时自动关闭，防止烟气蔓延；不会应用在_____（排烟、防烟）系统中。

2. 排烟防火阀，排烟风管中的烟气温度达到_____℃时，已带火，须停止排烟，防止火势通过烟管蔓延。排烟防火阀应用在_____（排烟、防烟）系统中。

3. 带有装饰口或进行过装饰处理的阀门称为排烟口，我们常见的排烟口有_____排烟口和_____排烟口。这是防烟分区中应用最多的形式。

技能实训4.1 教学楼室内外消火栓系统认知

◆ 技能实训任务实施

任务名称	教学楼室内外消火栓系统认知	任务编号	4.1
任务说明	一、任务要求 　　试根据所学知识、任务单的任务资料等，结合教学楼现有施工图及现场实物，完成教学楼室内外消火栓系统认知。（注意：认知场地可以是教学楼，也可以是其他安装有消火栓系统的场所，如果条件允许，参观城市轨道交通消火栓系统为最优） 　　1. 熟悉管道走向及位置、设备的位置等，对教学楼消火栓系统进行认知。 　　2. 把消火栓系统入口作为起始端，打开消火栓入口阀门井，观察阀门井内部设施设备布置情况，了解其与施工图是否一致。 　　3. 沿消火栓系统管路进入教学楼内部后，查看消火栓系统立管布置位置、阀门类型、消火栓箱位置等。 　　4. 结合所学，观察消火栓内部构造类型，看消火栓栓体安装布置是否符合规范要求（如安装高度是否为距地1.1m，安装方向是否为垂直向外或垂直向下等），消防水枪、水带、消防软管卷盘（如有）等的型号是否与施工图一致。 　　5. 熟悉室外消火栓、消防水泵接合器放置位置、类型，确定哪些栓口连接水带，哪些栓口连接消防车。 二、任务实施目的 　　通过教学楼室内外消火栓系统认知，增强对消火栓系统构造、组成等的理解；结合单元4.3认知消火栓系统施工图，通过识读消火栓系统施工图—现场认知设备管路—再识读消火栓系统施工图的循环认知过程，加深对消火栓系统的整体把握，提高参与度及对内容的把握。		
任务实施	教学楼室内外消火栓灭火系统认知相关问题 1. 消火栓系统管路是否为环状，为什么？ 2. 结合现场认知，简述室外消火栓、消防水泵接合器的作用。 3. 简述你所看到的消火栓箱，根据其安装方式、箱门形式、箱门材料、水带放置方式、附带其他功能式样等，判断它属于哪种消火栓箱。		

续上表

任务名称	教学楼室内外消火栓灭火系统认知		任务编号	4.1
任务实施	4. 拓展任务：教学楼内消火栓栓体、消防水枪、消防水带的类型是否属于常用类型？为什么选择此类型？整个教学楼内消火栓等采用的类型是否相同？			
	在完成教学楼室内外消火栓系统认知的过程中遇到了哪些问题？反思并完成分析报告。（字数不少于200字）			

◆ **技能实训任务考核**

班级：_____ 姓名：_____ 学号：_____ 组别：_____

考核项目		分值	自评	考核要点
信息收集	信息收集及图纸预习	20		能正确运用所学知识，广泛利用网络等手段获取知识，基本掌握相关知识；完成教学楼消火栓系统施工图上相关设备、管道认知
任务实施	认知过程	35		认真完成教学楼消火栓系统认知，结合现场情况与施工图相互确认
	认知记录	20		完成字数要求；对认知过程的反思认真、客观、准确，有收获，有体会；分析报告表达清晰
	职业素养	10		遵章守纪、不大声喧哗、严谨认真、耐心细致
	团队参与度	10		主动参与团队工作，认真完成布置的任务
	创新意识	5		主动查阅国内外相关资料，提出有建设性的建议
	拓展任务	5		主动查阅国内外资料，提出有建设性、有见地的建议
小计		100		
其他考核				
考核人员		分值	评分	考核要点
（指导）教师评价		100		结合任务实施过程的综合表现进行评价
小组互评		100		结合自评表中的相关要求，给予中肯评价
总评		100		总评成绩 = 自评成绩×10% + 指导教师评价×75% + 小组评价×15%

技能实训4.2　地铁火灾案例分析

任务名称	地铁火灾案例分析	任务编号	4.2
任务说明	一、任务要求 根据所学知识，网上查阅案例（文字、视频资料等），完成韩国大邱地铁火灾案例分析。 二、任务实施目的 通过对韩国大邱地铁火灾案例的分析，加深对消火栓系统的认知，加强对日常维护操作必要性的认知，增强责任意识、安全意识。		
任务实施	韩国大邱地铁火灾案例分析相关问题 1. 当时的韩国大邱地铁中央路站的消防系统有哪些？ 2. 结合所学知识，你认为消防员没有下到站台救援的原因有哪些？ 3. 结合所学的消火栓系统知识，此种纵火案发生后，正确使用消火栓系统的方式是怎样的？ 4. 在相关的法规、规范中，消火栓栓体的安装方向有何要求？ 5. 韩国大邱地铁火灾为何造成如此重大的人员财产损失？		

续上表

任务名称		地铁火灾案例分析	任务编号	4.2
任务实施		6. 消火栓灭火系统在城市轨道交通消防工作的作用有哪些？你认为实际使用中很多轨道公司采用消火栓灭火系统的原因是什么？ 7. 拓展任务：消防泵在准工作状态时应当在自动控制位置还是手动控制位置？		
		分析韩国大邱地铁火灾事故，你有什么收获？（字数不少于200字）		

◆ **技能实训任务考核**

班级：＿＿＿＿＿　　姓名：＿＿＿＿＿　　学号：＿＿＿＿＿　　组别：＿＿＿＿＿

考核项目		分值	自评	考核要点
信息收集	信息收集情况	10		能正确运用所学，广泛利用网络等手段获取知识，基本掌握相关知识
任务实施	任务实施	25		能全面清晰地回答提问
	分析报告	25		能完成字数要求，有明确的观点，分析报告表达清晰明确
	职业素养	15		遵章守纪、严谨认真、耐心细致
	团队参与度	15		主动参与团队工作，认真完成布置的任务
	创新意识	5		主动查阅国内外资料，提出有建设性、有见地的建议
	拓展任务	5		经过大量思考及翻阅资料等，提出较高质量的个人见解
小计		100		
其他考核				
考核人员		分值	评分	考核要点
（指导）教师评价		100		结合任务实施过程的综合表现进行评价
小组互评		100		结合自评表中的相关要求，给予中肯评价
总评		100		总评成绩 = 自评成绩×10% + 指导教师评价×75% + 小组评价×15%

单元4.2 室内临时高压消火栓系统灭火操作

任务陈述

熟悉消火栓系统运行操作基本要求。

知识准备

根据表4-1室内临时高压消火栓系统灭火操作流程表要求,完成室内临时高压消火栓系统灭火操作。

室内临时高压消火栓系统灭火操作流程表　　　　　　　表4-1

项目	步骤名称	序号	动作要领	备注
室内临时高压消火栓系统灭火操作	操作前检查	1	操作前应确认消防泵房内室内消火栓水泵的位置,确定需要操作的室内消火栓箱的位置、消火栓管网等的位置	
		2	室内消火栓系统的检查: 1. 室内消火栓箱内器材是否完整有效;水枪、消防水带是否完好,有无缺失、破损;卡口是否完好,无锈蚀;阀门是否无卡死,方便开启。 2. 管网水箱、水池是否有水、充足,压力是否满足要求,水泵是否正常	
	室内消火栓系统启动操作	1	迅速打开室内消火栓箱门(火灾发生时,若为玻璃门,视紧急程度可将其击碎)	
		2	抛掷消防水带(以盘卷式为例):取出消防水带直立于地上,左手虎口向上握住水带内接头,右手掌虎口向下握住水带外面接头,拖起水带侧身向火场前方用力抛出水带。抛出水带后两手向后稍微一拉,水带将沿直线向前翻滚伸展。(图4-18)	
		3	接消防水带:握住接头(图4-19)快速铰接到消火栓栓口,另一头连接水枪(图4-20),按下消火栓箱内的消火栓按钮(如有),确认灯点亮(图4-21)。启动水泵加压灭火(图4-22)。由于室内消火栓工作时具有一定的压力和后坐力,建议由两个人共同操作	

续上表

项目	步骤名称	序号	动作要领	备注
室内临时高压消火栓系统灭火操作	室内消火栓系统的复位	1	灭火完毕后，关闭消火栓。手动停止室内消火栓水泵工作，将室内消火栓水泵控制按钮复位，并使其处于自动启泵状态	
		2	晾晒消防水带（图4-23）	
		3	消防水带首先要卷好。卷水带时，让两个接口略错位，然后将水带对折，从对折处开始卷，最后使水带呈盘状，水带的两个接口正好在上方（图4-24），按原水带放置方式置于消火栓箱内。将已破碎的控制按钮处的玻璃、室内消火栓箱门玻璃等清理干净，换上同等规格的玻璃	
	注意事项		1. 消火栓非紧急事故禁止任何人开启及使用。 2. 消防箱内及四周需保持清洁。 3. 消防箱周围1m内需保持畅通无阻。 4. 箱门应保持易开启状态。 5. 平时水带及出水口应保持分开，禁止连接，避免水进入水带。 6. 消火栓在出水操作使用时一般不少于两个人。 7. 消防水带在使用时应避免打结	
	操作图片		 图4-18 抛掷消防水带  图4-19 握住接头  图4-20 另一头连接水枪 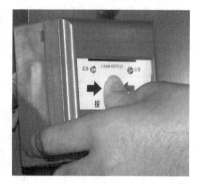 图4-21 确认灯点亮	

单元4 消火栓系统

续上表

项目	步骤		动作要领	备注
	名称	序号		
操作图片			 图 4-22 启动水泵加压灭火 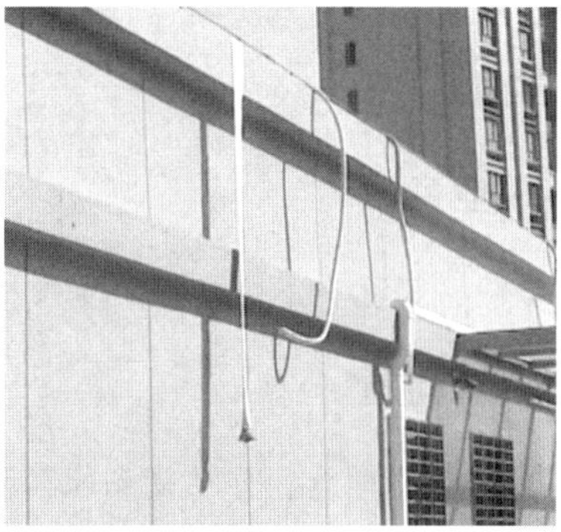 图 4-23 晾晒消防水带 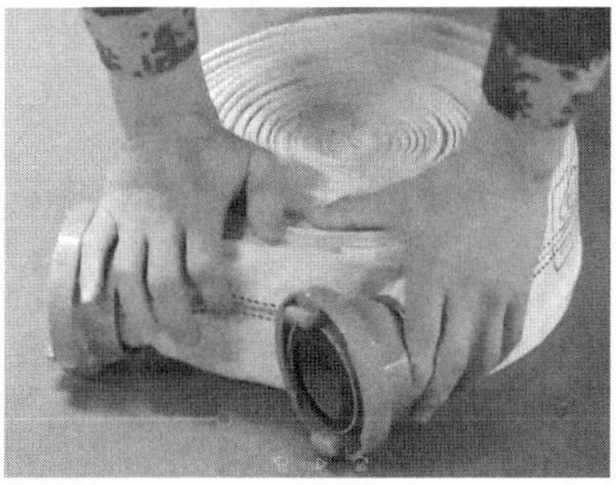 图 4-24 晒消防水带	

任务实施

完成技能实训 4.3 室内临时高压消火栓系统灭火基本操作。

课后自学

观看视频：消防水泵接合器概述及要求、EPS 应急电源和 UPS 不间断电源、消火栓按钮设置要求及应用，完成下列问题。

消防水泵结合器
概述及要求

EPS应急电源和
UPS不间断电源

消火栓按钮设置
要求及应用

1. 消防水泵按接合器出口的公称通径可分为_____ mm 和_____ mm 两种，按接合器公称压力可分为 1.6MPa、_____ MPa 和_____ MPa 等多种。

2. EPS 消防设备应急电源的最长工作时间一般为_____h，应急照明疏散指示系统不应少于_____min。

3. UPS 不间断电源的应急转换时间为，在线式 UPS 为_____中断，后备式 UPS 的应急输出转换时间为_____s 级。

职业要求

一、职业意识

努力奋斗，实现中华民族伟大复兴。

二、引导问题

1. 作为当代大学生，你感受到祖国的哪些变化？

2. "中华民族伟大复兴绝不是轻轻松松、敲锣打鼓就能实现的"，作为即将踏入社会，迈向工作岗位的青年，你如何理解这句话？

三、引导案例

通过检索，查找 2019 年 10 月 1 日《人民日报》发表的《人民日报社论：奋斗的史诗 复兴的伟力——热烈庆祝中华人民共和国成立七十周年》的相关资料。

四、问题思考

结合中国近代、现代的历史，通过对社论的学习，谈谈你的感悟。

技能实训4.3　室内临时高压消火栓系统灭火基本操作

◆ 技能实训任务实施

任务名称	室内临时高压消火栓系统灭火基本操作（以卷盘式消火栓为例）	任务编号	4.3
任务说明	一、任务要求 根据所学，结合室内临时高压消火栓系统操作流程表，完成室内临时高压消火栓系统灭火操作。 二、任务实施目的 通过实际操作室内临时高压消火栓系统，熟悉室内消火栓箱的组成、结构，熟悉室内消火栓系统的基本操作方法及操作要领。		
任务实施	室内临时高压消火栓系统基本操作 1. 室内临时高压消火栓系统与常高压消火栓系统有何不同？ 2. 简述室内消火栓系统的启动流程。 3. 消防水带甩出时有何注意事项？总结实际操作过程中投掷的技巧。 4. 用消火栓系统灭火时两人如何分工合作？ 5. 水带如何晾晒？		

续上表

任务名称	室内临时高压消火栓系统灭火基本操作（以卷置式消火栓为例）	任务编号	4.3
任务实施	6. 简述灭火完成后，室内消火栓消防水带、消防水枪、消火栓水泵等复位操作步骤及要求。		
	通过室内临时高压消火栓系统灭火基本操作，完成分析报告并谈谈操作后的收获与反思。（字数不少于200字）		

◆ 技能实训任务考核

班级：_____ 姓名：_____ 学号：_____ 组别：_____

考核项目		分值	自评	考核要点
信息收集	信息收集情况	10		能正确运用所学知识，广泛利用网络等手段获取知识，基本掌握第4.2单元的相关知识
任务实施	作业前准备	10		1. 劳保及安全防护用品应穿戴齐全。 2. 严格注意事项要求，完成操作前相关设备、人员检查
	操作过程	30		严格操作流程；正确进行操作；作业完毕后，须做到三清——设备清，人员清，工具清
	操作记录	20		完成字数要求；对操作过程进行反思，做到认真、客观、准确；分析报告表达清晰
	职业素养	15		遵章守纪、严谨认真、耐心细致
	团队参与度	15		主动参与团队工作，认真完成布置的任务
小计		100		
其他考核				
考核人员		分值	评分	考核要点
（指导）教师评价		100		结合任务实施过程的综合表现进行评价
小组互评		100		结合自评表中的相关要求，给予中肯评价
总评		100		总评成绩 = 自评成绩×10% + 指导教师评价×75% + 小组评价×15%

单元4 消火栓系统

单元4.3 消火栓系统施工图

认知消火栓系统施工图。

一、工程基本概况

（1）图4-25～图4-30为山东省济南市市区某活动中心消火栓系统，消火栓系统采用热镀锌钢管，螺纹连接。

（2）消火栓系统采用SN65普通型消火栓，19mm水枪一支，25m长衬里麻织水带一条。

（3）消防水管穿地下室外墙时设刚性防水套管，穿墙和楼板时设一般钢套管；水平管在吊顶内敷设。

（4）施工完毕，整个系统应进行静水压力试验，消火栓系统工作压力为0.40MPa，试验压力为0.675MPa。

（5）图中标高均以米计，其他尺寸标注均以毫米计。

（6）未尽事宜执行现行施工及验收规范的有关规定。

二、消火栓系统施工图

（1）一层消火栓系统、自动喷水灭火系统平面图（1:100）如图4-25所示。

（2）地下一层消火栓系统、自动喷水灭火系统平面图（1:100）如图4-26所示。

（3）地下一层设备管线、消防平面图（1:100）如图4-27所示。

（4）消防栓系统图（1:100）如图4-28所示。

（5）D-D剖面图（1:100）如图4-29所示。

（6）自动喷水灭火系统图如图4-30所示。

注：图4-25～图4-30也用于单元5.3自动喷水灭火系统的识读。

三、识图要求

（1）能正确完成消火栓系统施工图的识读，能准确理解图示表达的含义；能正确将平面图、系统图、剖面图结合在一起理解施工图表达的含义。

（2）能读懂施工图首页文字部分表述的内容，能正确理解总说明的作用以及其与平面图、系统图等的关系。

（3）能正确识读消火栓系统平面图，能够对照图示内容完成读图报告。

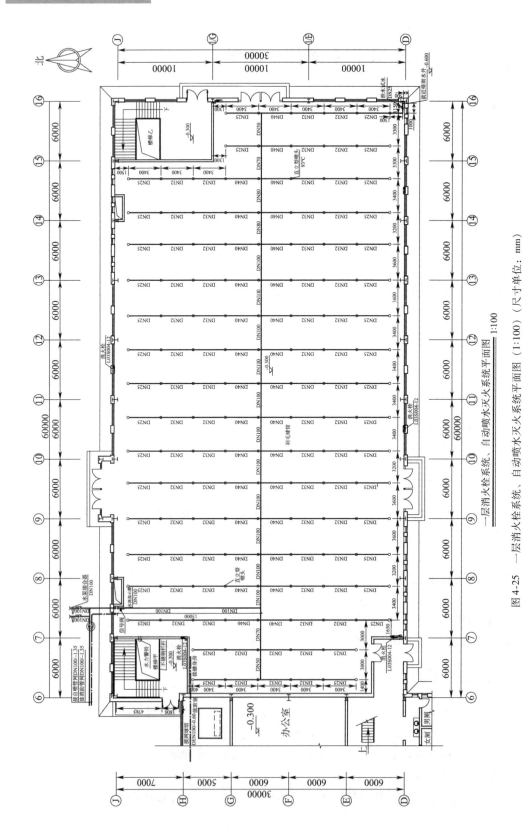

图 4-25 一层消火栓系统、自动喷水灭火系统平面图（1:100）（尺寸单位：mm）

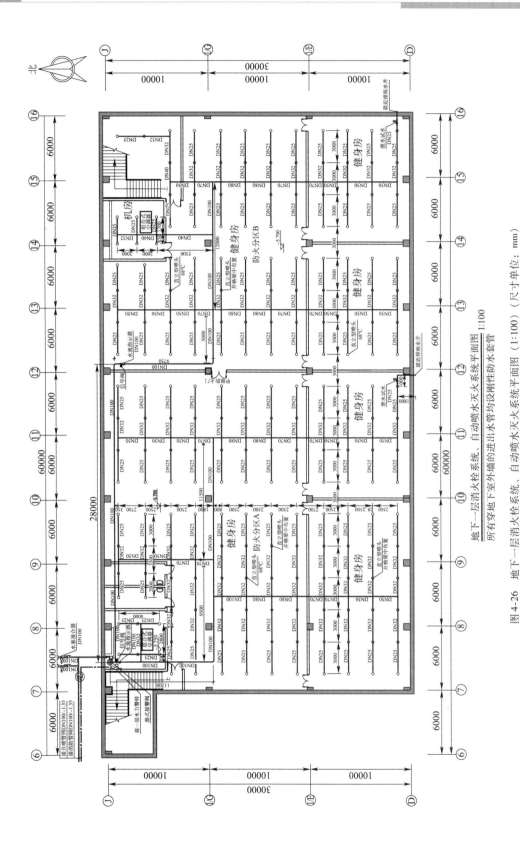

图 4-26 地下一层消火栓系统、自动喷水灭火系统平面图（1:100）（尺寸单位：mm）

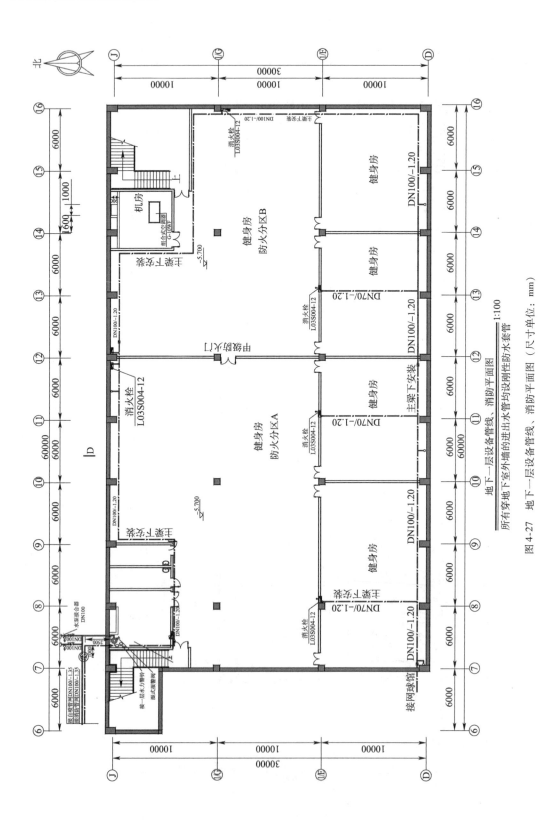

图 4-27 地下一层设备管线、消防平面图（尺寸单位：mm）

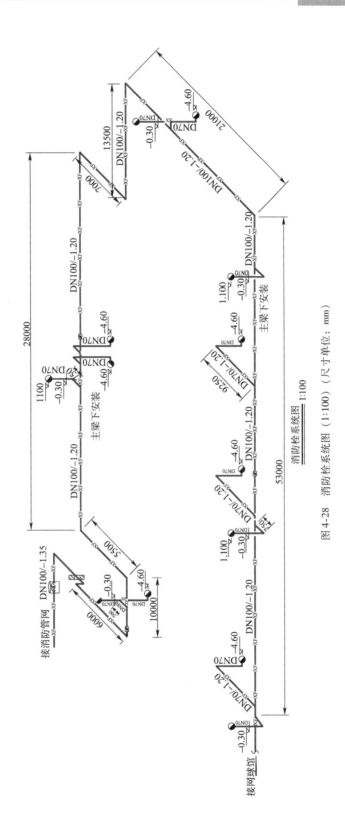

图 4-28 消防栓系统图（1:100）（尺寸单位：mm）

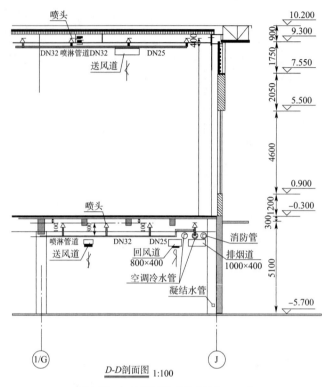

图 4-29 D-D 剖面图（尺寸单位：mm）

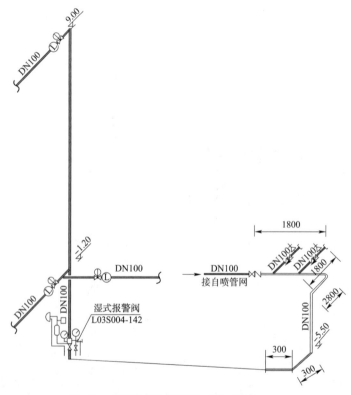

图 4-30 自动喷水灭火系统图（尺寸单位：mm）

（4）能正确识读消火栓系统施工图，能够对照图示内容完成读图报告。

（5）能将施工图首页、消火栓系统平面图、消火栓系统图结合在一起识读，并完成识读报告。

任务实施

完成技能实训4.4消火栓系统施工图识读。

技能实训4.4 消火栓系统施工图识读

◆ **技能实训任务实施**

任务名称		消火栓系统施工图识读	任务编号	4.4
任务说明		一、任务要求 试根据所学建筑制图与识图或机械制图（根据各自学校实际）等知识，并通过网上查阅等手段，结合教学楼、办公楼等消火栓系统实物，完成消火栓系统施工图识图。（提供的施工图仅供参考） 二、任务实施目的 通过消火栓系统施工图识图积极主动学习知识，学会识读消火栓系统施工图，培养严谨认真的工作作风、理论与实际相结合的能力，增强动手能力及学习积极性。		
任务实施		消火栓系统施工图识读引导问题 1. 工程基本概况中提到的设备部件等的作用是什么？在图纸中指出各设备的位置，简述遇到的问题及解决方法。 2. 绘制消火栓系统施工平面图中各管道、阀门、部件、设备的图例符号。 3. 在"一层设备管线、自动消防平面图"中，室内标高为_____。▽-4.60 表示的含义是_____，字母 XF 表示_____。 4. 指北针常用来表示_____，采用_____线绘制，指北针头部应注明_____字。 5. 表示的含义是_____，消火栓系统入口位于_____。 6. 识读过程中遇到的问题有哪些？		

续上表

任务名称	消火栓系统施工图识读	任务编号	4.4
任务实施	7. 知识拓展：结合所学消火栓系统认知，找到对应的设备、管路，总结提高识图速度的方法。 完成消火栓系统施工图识读，总结识读步骤。（字数不少于200字）		

◆ 技能实训任务考核

班级：_____ 姓名：_____ 学号：_____ 组别：_____

考核项目		分值	自评	考核要点
信息收集	信息收集情况	10		结合所学知识，广泛利用网络等手段获取知识，基本掌握第4单元相关知识
任务实施	作业前准备	20		1. 准备《建筑制图与识图》教材及标准图集等资料。 2. 复习所学《建筑制图与识图》教材、标准图集、消火栓等相关知识
	施工图识读	35		回答消火栓系统施工图识图引导问题，按步骤正确识读施工图
	总结提升	20		完成字数要求，对施工图识读进行认真、客观的反思，分析报告表达清晰
	职业素养	10		遵章守纪，严谨认真，耐心细致，不无故迟到、早退，工作态度端正
	创新意识	5		主动查阅资料，提出有建设性的建议；积极主动地对问题进行思考，提出高质量解决方案
小计		100		
其他考核				
考核人员		分值	评分	考核要点
（指导）教师评价		100		结合任务实施过程的综合表现进行评价
小组互评		100		结合自评表中的相关要求，给予中肯评价
总评		100		总评成绩 = 自评成绩×10% + 指导教师评价×75% + 小组评价×15%

单元 5

自动喷水灭火系统

单元概述

自动喷水灭火系统是国际上公认的有效的自救灭火设施，是应用广泛、用量较大的自动灭火系统，具有安全可靠、经济实用、灭火成功率高等特点。

自动喷水灭火系统由洒水喷头、报警阀组、水流报警装置（水流指示器、压力开关）以及管道、供水设施等组成。自动喷水灭火系统按所使用喷头的形式可分为闭式自动喷水灭火系统和开式自动喷水灭火系统两大类。闭式自动喷水灭火系统又可分为湿式自动喷水灭火系统、干式自动喷水灭火系统、预作用自动喷水灭火系统、防护冷却系统等，开式自动喷水灭火系统可以分为雨淋系统、水幕系统等。城市轨道交通中建筑面积大于 $6000m^2$ 的地下、半地下和上盖设置了其他功能建筑的停车库、列检库、停车列检库、运用库、联合检修库、可燃物品的仓库和难燃物品的高架仓库或高层仓库等场所应设置自动喷水灭火系统。本单元重点讲述了自动喷水灭火系统的基本组成、分类及工作原理，水流指示器、湿式报警阀组等的工作原理、联动控制原理；自动喷水灭火系统施工图识读方法及自动喷水灭火系统的基本操作方法。

学习目标

目标要求	知识目标	1. 掌握自动喷水灭火系统的基本组成、分类及工作原理。 2. 掌握水流指示器、末端试水装置、湿式报警阀组等的工作原理、联动控制原理。 3. 掌握自动喷水灭火系统施工图识读方法。 4. 熟悉自动喷水灭火系统的基本操作方法。
	能力目标	1. 通过搜集、访问相关网站等方法培养快速收集信息的能力；通过撰写调查报告、现场讲解等锻炼，提升对文字等的组织能力及语言表达能力。 2. 通过自动喷水灭火系统施工图识图、自动喷水灭火系统现场认知，培养理论与实际相结合的能力及动手操作能力。
	素质目标	1. 通过对信息的学习、处理及规范操作设备设施等养成主动学习的习惯。 2. 通过施工图识读及自动喷水灭火系统喷淋泵的启动复位操作，培养吃苦耐劳的品质、严谨认真的工作作风，提高学习积极性。 3. 通过本单元引导案例的学习，增强职业自豪感、使命感，培养勇于创新、敢为人先的品质。

单元5.1 自动喷水灭火系统的分类与组成

任务陈述

掌握自动喷水灭火系统基本组成、分类及工作原理，认知自动喷水灭火系统设备。

知识准备

一、湿式自动喷水灭火系统

湿式自动喷水灭火系统简称湿式系统，由末端试水装置、闭式洒水喷头、水流指示器、湿式报警阀组以及管道和供水设施等部分组成，系统管道内始终充满水并保持一定压力，故称为湿式自动喷水灭火系统。

湿式系统适合在温度不低于4℃且不高于70℃的环境中使用，绝大多数自动喷水灭火系统均采用湿式系统。湿式系统是使用时间较长，应用广泛，控火、灭火中使用频率高的一种闭式自动喷水灭火系统。

（一）湿式系统的工作原理

湿式系统在伺应状态时，由消防水箱、稳压泵、气压给水设备等稳压设施维持系统管道的充水压力。火灾发生时，在火灾温度的作用下，闭式喷头的热敏元件受热，达到动作温度（57℃、68℃、79℃、93℃、114℃、182℃、227℃、260℃）时，玻璃球内液体不断膨胀，内部压力增大，玻璃球炸裂，喷出压力水。此时，管网中的水由静止变为流动状态，水流指示器动作，发出报警信号，可以在报警控制器上指示起火的区域。由于开启持续喷水泄压，湿式报警阀上腔（系统侧）的水压低于下腔，水流推动阀瓣进入系统侧管网；同时，水流经沟槽小孔进入报警水道，水流进入延迟器，延迟器充满水后，水力警铃发出声响警报，压力开关动作，输出启动消防水泵的信号。自闭式喷头开启至消防水泵投入运行前，由消防水箱、气压给水设备或稳压泵等供水设施为开启的喷头供水。

（二）湿式系统的构成

湿式系统的管道内始终充满水，并保持一定压力。湿式系统应用较为广泛，占自动喷水灭火系统总应用量的70%以上，具有构造简单、经济可靠、灭火速度和控火效率高、施工维修方便等优点。湿式自动喷水灭火系统示意图如图5-1所示。

1．洒水喷头

洒水喷头是在热作用下，在预定的温度范围内自行启动，或根据火灾信号由控制设备启动，并按设计的洒水形状和流量进行洒水的喷水装置。洒水喷头具有探测火灾、启动系统和喷水灭火的功能，是自动喷水灭火系统的重要组成部分。

1）按喷头的安装方式分类

按照喷头的安装方式分类，洒水喷头可分为直立型喷头、下垂型喷头、边墙型喷头、吊顶型喷头等，如图 5-2 所示。

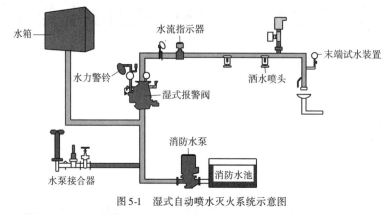

图 5-1 湿式自动喷水灭火系统示意图

a) 直立型喷头　　b) 下垂型喷头　　c) 边墙型喷头　　d) 吊顶式喷头

图 5-2 洒水喷头按喷头的安装方式分类

（1）直立型喷头

直立型喷头［图 5-2a)］向上安装在配水支管上，溅水盘虽然弧度也略向下，但是其中心部位是实心圆盘，通常配水支管布置在梁下或无吊顶的场所，如地下室、车库等处。

（2）下垂型喷头

下垂型喷头［图 5-2b)］向下安装在配水支管上，溅水盘弧度略向下，其像花瓣一样，水流在喷出时被均匀打散，主要应用在有吊顶的场所，配合吊顶安装，是常见的一种喷头。

（3）边墙型喷头

边墙型喷头［图 5-2c)］上有水流方向标志，管道易于布置，很受施工企业的青睐。我国《自动喷水灭火系统设计规范》（GB 50084—2017）规定，顶板为水平面的轻危险级、中危险级Ⅰ级住宅建筑、宿舍、旅馆建筑客房、医疗建筑病房和办公室，可以采用边墙型喷头。另外，自动喷水防护冷却系统也可采用边墙型洒水喷头。美国 NFPA-13（2002 年版）标准规定，边墙型喷头仅能在轻危险级场所使用，只有在经过特别认证后，才允许在中危险级场所使用。因此此类喷头适用于布管较难的场所。

（4）吊顶型喷头

吊顶型喷头［图 5-2d)］有嵌入式、齐平式和隐蔽式等。其中，隐蔽式喷头具有美观的优点，隐蔽式喷头主要应用在高档装修和安装高度不够的场所。非特殊情况，不宜采用隐蔽式喷头，确需采用时，仅适用于轻危险级和中危险级Ⅰ级场所，并且隐蔽式喷头的盖板上有"不可涂覆"等文字标志。

2）按结构形式分类

按结构形式，洒水喷头可分为闭式喷头［图 5-3a、图 5-3b)］和开式喷头［图 5-3c)］

两种。

a) 闭式易熔合金洒水喷头　　b) 闭式玻璃球洒水喷头　　c) 开式洒水喷头

图 5-3　洒水喷头按结构形式分类

（1）闭式喷头具有释放机构，达到预定的温度范围时自动开启，主要应用在湿式自动喷水灭火系统、干式自动喷水灭火系统、预作用自动喷水灭火系统、自动喷水 – 泡沫联用系统中。闭式喷头由玻璃球（易熔元件）、密封件等组成。平时闭式喷头的出水口由释放机构封闭，达到动作温度时，玻璃球破裂或易熔元件熔化，释放机构自动脱落，喷头开启喷水灭火。

（2）开式喷头无释放机构，在正常情况下，处于开启状态（内部无水），主要应用在雨淋系统和水幕系统中。

目前，城市轨道交通采用的是68℃的闭式喷头，设置于排烟机房内的喷头可选择高于68℃的喷头。闭式喷头可以分为易熔合金洒水喷头和玻璃球洒水喷头，易熔合金洒水喷头是依靠两个对接的金属片之间的易熔合金受热熔化，靠感温元件熔化而开启的洒水喷头。玻璃球喷头释放机构中的感温元件为内装彩色液体（如红色）的玻璃球，它支撑在喷口和扼臂之间，使喷口保持封闭，当有火灾发生且温度达到动作值时，喷头开启喷水灭火。

洒水喷头的其他内容可自主学习《自动喷水灭火系统　第1部分：洒水喷头》（GB 5135.1—2019）等。

2. 水流指示器

水流指示器是一种将水流信号转换为电信号的报警装置，其工作原理如图5-4所示。《自动喷水灭火系统设计规范》（GB 50084—2017）规定，每个防火分区、每个楼层均应设水流指示器。水流指示器安装在每个防火分区或每个楼层主干管的出口位置。（注意：参考图4.25一层消火栓系统、自动喷水灭火系统平面图所示水流指示器安装位置。）当洒水喷头动作时，水流推动水流指示器的叶片，联动微动开关输出开关报警信号，可指示防火分区或楼层的报警位置。为防止水流波动引起误动作，水流指示器可以增加延迟功能，延迟时间可以调节（延迟时间应在2~90s的范围内）。

为方便检修（检修时关停的范围不应过大），通常在水流指示器入口前设置阀门。水流指示器及所属阀门安装位置如图5-5所示，该阀门应采用信号阀，以便显示阀门的状态，防止误操作造成配水管道断水。信号阀与水流指示器之间的距离不宜小于300mm。

水流指示器的其他内容可自主学习《自动喷水灭火系统　第7部分：水流指示器》（GB 5135.7—2018）等。

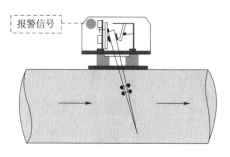
图 5-4 水流指示器作用原理

图 5-5 水流指示器及所属阀门安装位置

3. 湿式报警阀

湿式系统应设湿式报警阀。湿式报警阀是一种只允许水流进入湿式系统的单向阀，在规定的压力、流量下，驱动配套部件报警。湿式报警阀组由阀体、延迟器、水力警铃、压力开关、排水阀、过滤器、泄水孔、供水侧压力表、系统侧压力表等组成。湿式报警阀如图 5-6 所示。

湿式报警阀的阀体被座圈和阀瓣分成上、下两个腔（图 5-7），上腔（系统侧）与自动喷水灭火系统管网相通，下腔与水源相通。座卷上有多个沟槽小孔，沟槽小孔与报警水道相通。当系统处于伺应状态（伺应状态是指在系统管路中，由水源供给压力稳定的水，而无水从报警阀系统侧任何出口流出的状态）时，当系统侧管网有微小渗漏或水源压力有波动时，在阀体上设有的补偿器可以平衡上、下腔的压力，从而避免误报警。火灾发生时，洒水喷头开放，湿式报警阀的系统侧（上腔）压力降低，水流推动阀瓣进入系统侧管网。同时，水流经过沟槽小孔进入报警水道，少部分水流通过泄水孔排放，大部分水流进入延迟器。当延迟器蓄满后水流推动水力警铃报警，同时压力开关连锁消防水泵启动，并向控制中心发出报警信号。湿式报警阀结构如图 5-7 所示。

图 5-6 湿式报警阀

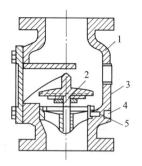
图 5-7 湿式报警阀结构
1-阀体；2-阀瓣；3-沟槽；4-水力警铃接口；5-座圈

湿式报警阀的其他内容可自主学习《自动喷水灭火系统 第 2 部分：湿式报警阀、延迟器、水力警铃》（GB 5135.2—2003）等。

4. 末端试水装置

末端试水装置是由试水阀、压力表、试水喷嘴及保护罩等组成，用于监测自动喷水灭火系统的末端压力,并可检验系统启动、报警及联动等功能的装置。为了检验自动喷水灭火系统的可靠性,测试系统能否在开放一个喷头的最不利条件下可靠报警并正常启动,在每个湿式报警阀组控制的最不利点洒水喷头处应设末端试水装置。末端试水装置可分为手动式末端试装置(图5-8)和电动式末端试水装置(图5-9)。试水接头出水口的流量系数应等同于同楼层或防火分区内的最小流量系数。末端试水装置应采取孔口出流的方式排入排水管道,排水立管宜设伸顶通气管,排水立管的管径不应小于75mm。末端试水装置可以测试水流指示器、湿式报警阀、压力开关、水力警铃等的动作是否正常,配水管道是否畅通,以及最不利点处的喷头工作压力是否满足要求等。

图5-8 手动式末端试装置　　图5-9 电动式末端试装置

5. 延迟器

延迟器是一个罐式容器(图5-10),安装在湿式报警阀与水力警铃(或压力开关)之间,可以最大限度地减少水源压力波动或冲击造成的误报警。对于水压突然发生变化而引起湿式报警阀的短暂开启,或因湿式报警阀的局部渗漏而进入警铃管道的水流,延迟器起暂时容纳的作用,从而避免虚假报警。安装有延迟器的湿式报警阀,系统侧放水 5 ~ 90s 内报警装置应开始发出连续报警。火灾发生时,喷头和湿式报警阀相继打开,水流经延迟器时,冲击水力警铃报警。水流停止后,遗留在延迟器中的水由泄水口排出,排水时间不应大于 5 min。

延迟器的其他内容可自主学习《自动喷水灭火系统　第2部分:湿式报警阀、延迟器、水力警铃》(GB 5135.2—2003)等。

6. 水力警铃

水力警铃(图5-11)是一种水力驱动的机械报警装置,由壳体、叶轮、铃锤和铃盖等组成,安装在延迟器的后端。当喷头开启后,湿式报警阀阀瓣被打开,水流进入延迟器,充满延迟器后,继续流向水力警铃的进水口,在一定的水流压力下推动叶轮带动铃锤转臂旋转,使铃锤连续击打铃壳,发出报警铃声。水力警铃应设置在有人值班的地点附近或公共通道的外墙上,其主要作用是发出声音报警,通知人员疏散。

当水力警铃喷嘴进水口处的压力分别为 0.20MPa、0.30MPa 及 1.00MPa 时,距离水力警铃 3.0m 处的三个测量位置的响度平均值不应小于85dB(A),且每个测量值均不得低于80dB

（A）；当喷嘴进口处压力为0.05MPa时，三个测量位置的响度平均值不应小于70dB（A）。

图 5-10　延迟器

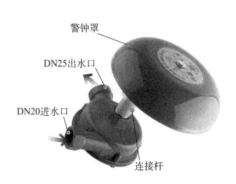

图 5-11　水力警铃

图 5-12　压力开关

7. 压力开关

压力开关是一种压力传感器，一般垂直安装在延迟器出口后的报警水道上。其工作原理是：当湿式报警阀的阀瓣开启后，其中一部分压力水通过报警管路进入压力开关的阀体，开关膜片受压后，将系统的压力信号转换为电信号，电信号一方面传送给火灾报警控制器，另一方面连锁消防泵启动。压力开关如图5-12所示。

8. 自动喷水灭火系统管网

自动喷水灭火系统的供水管道应布置成环状，其进水管不宜少于两条，当其中一条进水管发生故障时，其余进水管路应仍能保证全部的用水量和水压。自动喷水灭火系统一般设计成独立系统，湿式报警阀管路上不允许设置其他用水设备。

自动喷水灭火系统供水干管应设分隔阀门，并应设在便于维修的地方，呈开启状态。配水管道可以采用内外壁热镀锌钢管、涂覆钢管、铜管、不锈钢管和氯化聚氯乙烯（PVC-C）管等。当湿式报警阀入口前管道采用不防腐的钢管时应在湿式报警阀前设置过滤器。

自动喷水灭火系统配水管道的连接方式应符合下列要求：

（1）镀锌钢管、涂覆钢管可采用沟槽式连接件（卡箍）、螺纹或法兰连接，当湿式报警阀前为内壁不防腐钢管时可采用焊接连接。

（2）铜管可采用钎焊、沟槽式连接件（卡箍）、法兰和卡压等连接。

（3）不锈钢管可采用沟槽式连接件（卡箍）、法兰连接、卡压式连接等方式，不宜采用焊接。

（4）氯化聚氯乙烯管材、管件可采用黏结连接，氯化聚氯乙烯管材、管件与其他材质管材、管件之间可采用螺纹连接、法兰连接或沟槽式连接件（卡箍）连接。

二、干式自动喷水灭火系统

干式自动喷水灭火系统简称干式系统，其示意图如图5-13所示。干式系统与湿式系统的主要区别在于，准工作状态（警戒状态）时，干式报警阀以后的配水管道不充满水，而是充有一定压力的气体。干式系统适用于环境温度低于4℃或高于70℃的场所，防止出现低温冰冻或高温汽化。

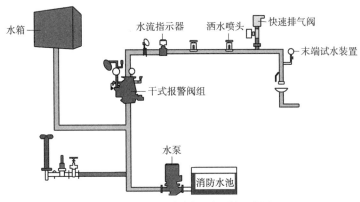

图5-13 干式自动喷水灭火系统示意图

（一）干式系统的组成

干式系统采用干式报警阀组，设有电动阀、快速排气阀、空气供给装置等。为了自动调节管网压力，干式系统通常还会配套气压维持装置和专用的控制盘。

1. 干式系统洒水喷头

相对于湿式系统，干式系统洒水喷头的应用形式也有区别，通常情况下，干式系统只有直立型喷头［图5-2a)］、干式下垂型喷头（图5-14）。干式系统的直立型喷头与湿式系统的直立型喷头相同，主要是为了防止管道积水；在一些有吊顶的特殊场所，喷头必须向下安装，这时就需要使用干式下垂型喷头。系统试水或启动后，如下垂短管积水，将不能排出空气，高温场所时会发生汽化，低温场所会有冰冻的风险。

干式系统的喷头布置、水流指示器、末端试水装置、消防供水以及阀门、管道的设置要求等可以参照湿式系统。

2. 干式报警阀

干式系统采用干式报警阀，如图5-15所示。干式报警阀是干式系统中的控制阀门，是一种在出口侧充以压缩气体，当气压低于一定值时，能使水自动流入喷水系统并进行报警的单向阀。干式报警阀主要包括差动式干式报警阀和机械式干式报警阀。

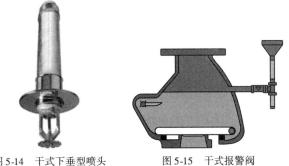

图5-14 干式下垂型喷头　　图5-15 干式报警阀

干式报警阀的动作原理（以差动比为5:1的干式报警阀为例）：在准工作状态（警戒状态）时，干式报警阀后面的配水管道充有一定压力的气体，当出现少量气体泄漏时，气压维持装置通过节流孔进行补压，维持系统管网的压力。火灾发生时，喷头开启，节流孔的补气速度远小于喷头的喷放速度，系统侧管网气压迅速降低，当气压降到供水侧水压的五分之一以下时，阀瓣上、下腔的平衡被破坏，干式报警阀开启，水流进入系统侧管网；同时，水流从中间室流向报警水道，驱动水力警铃、压力开关动作。压力开关连锁启动消防水泵和电动阀，同时快速排气阀进行排气，加速系统侧管网充水。

干式报警阀的其他内容可自主学习《自动喷水灭火系统 第4部分：干式报警阀》（GB 5135.4—2003）等。

（二）干式系统的工作原理

发生火灾时，火源周围的空气受热升温，闭式喷头玻璃管内的热敏液体受热迅速膨胀，玻璃管破碎，气体从喷头喷出；干式报警阀系统侧气压下降，造成干式报警阀下腔压力大于上腔压力，干式报警阀打开，压力开关连锁启动消防水泵和电动阀，快速排气阀排气，加速系统侧管网充水，消防水泵启动后，向开放的喷头持续供水，开放的喷头将按不低于设计规定的喷水强度均匀喷洒，实施灭火。

干式系统启动后，配水管道有一个排气充水的过程，干式系统喷水的时间因排气充水而产生滞后，延长了喷水时间，削弱了系统灭火能力，这一点是干式系统固有的缺陷，但由于其解决了湿式系统不适用于高、低温环境场所等问题，仍受到人们的重视。

三、预作用自动喷水灭火系统

预作用自动喷水灭火系统简称预作用系统，由闭式喷头、预作用装置管道和供水设施等组成。准工作状态时，预作用系统配水管道内不充水；发生火灾时，启动预作用装置、电动阀、消防水泵等，向配水管道供水灭火。

（一）预作用系统的工作原理

预作用装置根据启动方式不同，可分为单联锁预作用系统、双联锁预作用系统、无联锁预作用系统。

以单联锁预作用系统为例，系统处于准工作状态时，由消防水箱或稳压泵、气压给水设备等稳压设施维持雨淋阀入口前管道内的充水压力，雨淋阀后的管道内平时无水或充以有压气体。发生火灾时，在单联锁系统中，通常由同一报警区域内两只及以上独立的感烟火灾探测器或一只感烟火灾探测器与一只手动火灾报警按钮的报警信号作为预作用系统的启动条件，由火灾报警控制器发出联动指令。火灾探测器的热敏性能优于闭式喷头，当火灾发生时，火灾探测器报警，联动开启预作用装置电动阀，启动消防水泵，为系统侧管道充水，系统在闭式喷头动作前转换为湿式系统。

预作用系统既兼有湿式系统和干式系统的优点，避免了湿式系统仅适合在温度不低于4℃且不高于70℃的环境中使用的缺点，又避免了干式系统喷水的时间因排气充水而产生滞后的缺点。

（二）采用预作用系统的场所

具有下列要求之一的场所，应采用预作用系统：

（1）系统处于准工作状态时严禁误喷的场所。

（2）系统处于准工作状态时严禁管道充水的场所。

（3）用于替代干式系统的场所。

预作用系统的其他内容可自主学习《自动喷水灭火系统 第14部分：预作用装置》（GB 5135.14—2011）等。

四、雨淋系统

雨淋系统是由开式洒水喷头、雨淋报警阀组、水流报警装置等组成的。发生火灾时，雨淋系统由火灾自动报警系统或传动管控制，自动开启雨淋报警阀组和启动消防水泵，向开式洒水喷头供水灭火。雨淋系统属于开式系统，相对于湿式系统、干式系统和预作用系统，雨淋系统最大的不同是采用开式喷头，雨淋阀开启以后，所有喷头全部喷水灭火。

（一）雨淋报警阀

雨淋报警阀是通过电动、机械或其他方式开启，使水能够自动流入系统并同时进行报警的一种单向阀。雨淋报警阀广泛应用于自动喷水灭火系统，如雨淋系统、水幕系统等。雨淋报警阀的形式很多，按结构可分为推杆式雨淋报警阀、隔膜式雨淋报警阀、活塞式雨淋报警阀等。其中，推杆式雨淋报警阀结构示意图如图5-16所示。

雨淋报警阀的阀腔由上腔、下腔和控制腔（膜片室）三部分组成（图5-16）。雨淋报警阀的系统侧管网和水源侧管网通过阀瓣分隔，上腔与报警管路相通，并连接压力开关和水力警铃等。控制腔连通供水侧管路，控制腔的压力通过活动顶杆、压紧扣作用在阀瓣上，隔断水源。同时水源的压力通过阀瓣、压紧扣作用在活动顶杆上。准工作状态时，控制腔和水源侧的压力相等，由于杠杆原理，阀瓣得以有效密封。当启动管路的阀门开启时，限流孔板的补水速度不及启动阀的排水速度，控制腔的水压迅速降低，水源侧的压力通过压紧扣推动活动顶杆回退，控制阀开启。此时的水源侧水流同时进入报警管路，水力警铃报警，压力开关动作，连锁消防水泵启动。为防止阀瓣组件在动作以后重新回到其关闭位置上，推杆式雨淋报警阀应具备防复位锁止机构。

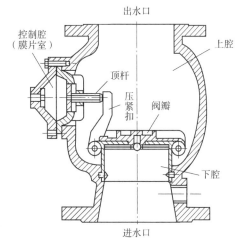

图5-16 推杆式雨淋报警阀结构示意图

（二）雨淋系统的特点及适用场所

雨淋系统主要应用在火灾蔓延速度快、净空高度超过闭式喷头的要求以及严重危险级为Ⅱ级的场所。雨淋系统启动流量大，水流速度快，其水流报警装置应采用压力开关，不宜采用水流指示器。根据规范的要求，具有下列条件之一的场所，当设置自动喷水灭火系统时，应采用雨淋系统：

（1）火灾的水平蔓延速度快、闭式洒水喷头的开放不能及时使喷水有效覆盖着火区域的场所，如特等、甲等剧场，超过1500个座位的其他等级剧场等。

（2）设置场所的净空高度超过规定，且必须迅速扑救初期火灾的场所。

（3）火灾危险等级为严重危险级Ⅱ级的场所。

五、水幕系统

水幕系统（图5-17）是指由水幕喷头、管道和控制阀等组成，用于防火分隔或防护冷却的开式系统。水幕系统喷头喷出的水为水帘幕状，故称水幕系统。与其他自动喷水灭火系统不同的是，水幕系统并不具备直接灭火的能力，主要用来挡烟阻火或冷却分隔物。

图5-17　水幕系统

（一）水幕系统的分类及原理

水幕系统与雨淋系统基本相同，只是喷头出水的状态及作用不同。按照不同作用，水幕系统可分为冷却型、局部阻火型及防火型三种类型。冷却型水幕主要以冷却作用为主，用来增强建（构）筑物的耐火性能，以防止火灾扩散，如某些不宜采用防火门、防火墙而用简易防火分隔物代替的部位；局部阻火型水幕设置于一些面积较小的孔洞开口处；防火型水幕一般用在需要而无法安装防火分隔物的部位。城市轨道交通车站的站台层与站厅层的自动扶梯及楼梯口、展览楼的展览厅、剧院的舞台口处设置水幕系统，可起到分隔及防止火灾进一步扩大的作用。

（二）水幕系统的主要特点

（1）设置水幕系统的主要目的不是直接灭火，而是借助密集喷洒所形成的水墙或水帘，配合防火卷帘等分隔物阻挡烟气和火势的蔓延，同时水墙或水帘本身具有防火分隔的作用，借助水的冷却作用保持分隔物在火灾中的完整性和隔热性。

（2）水幕系统借助幕状水流，可以吸收火灾产生的热量，并阻挡火舌卷流和烟气的扩散，同时可以吸附烟气中的烟粒子及一些有害气体。

（3）水幕系统可作为防火分区的手段。在建筑面积超过防火分区的规定要求，工艺要求又不允许设防火隔断物的场所可采用水幕系统来代替防火隔断设施。

任务实施

完成技能实训5.1自动喷水灭火系统设备认知。

课后自学

观看视频：消防闸阀，消防截止阀，消防球阀，安全泄压阀，消防蝶阀，消防单向阀，减压阀分类、结构原理及应用，泄压阀、安全阀、安全泄放装置，消防信号阀，直接作用式浮球阀——遥控浮球阀,完成下列问题。

1. 消防闸阀、截止阀、球阀的放置位置、要求有何不同?

2. 泄压阀开启速度平缓,不能用在可压缩流体(如_____、氮气、二氧化碳、_____等)的系统中,因为可压缩液体超压会有爆炸风险,必须最大限度迅速排放,需要采用一次开启到位的安全阀或安全泄放装置。

3. 蝶阀中当碟板到达_____°时,阀门处于全开状态,通过调整碟板的角度,可以调节介质流量。

4. 止回阀属于控制流体_____(单、双)向流动的阀门,其主要作用是_____、_____以及容器介质的泄放。

技能实训5.1　自动喷水灭火系统设备认知

◆ 技能实训任务实施

任务名称	自动喷水灭火系统设备认知	任务编号	5.1
任务说明	一、任务要求 根据所学,结合现场自动喷水设备(图5-18)(可根据实际情况确定系统设备,也可以利用教学楼、办公楼等处的自动喷水灭火系统),完成自动喷水灭火系统设备认知。  图5-18　实训室自动喷水灭火系统 二、任务实施目的 通过对现场自动喷水灭火系统设备的认知,加深对自动喷水灭火系统的组成、结构的认识,促进对自动喷水灭火系统原理、工作流程等的掌握,以利于后续有关系统的启动、复位等操作的学习。		
任务实施	自动喷水灭火系统设备认知相关问题 1. 结合现场自动喷水灭火系统实物,准确确认图5-18中的设备、阀门的名称及作用等。 2. 判断自动喷水灭火系统中两个喷头安装位置是否正确(图5-19),并说明理由。  图5-19　喷头安装位置		

续上表

任务名称	自动喷水灭火系统设备认知		任务编号	5.1
任务实施	3. 现场讲述自动喷水灭火系统的动作流程、各设备启动顺序。（可提前手绘流程图） 4. 简述延迟器与水力警铃的位置关系、动作顺序。 5. 湿式报警阀组如图5-20所示，火灾发生时，湿式报警阀组如何动作？			

图5-20 湿式报警阀组

续上表

任务名称	自动喷水灭火系统设备认知		任务编号	5.1
任务实施	6. 根据实训室现场设备布置情况，结合自动喷水灭火系统流程图，在实训中心对照实物拍摄视频（时间不少于2min），讲述火灾发生后自动喷水灭火系统的动作过程。			
	通过对自动喷水灭火系统设备的认知，结合自动喷水灭火系统的作用场合及效果，谈谈收获与反思。（字数不少于200字）			

◆ **技能实训任务考核**

班级：_____ 姓名：_____ 学号：_____ 组别：_____

考核项目		分值	自评	考核要点
信息收集	信息收集情况	10		能正确掌握所学知识，广泛利用网络等手段获取知识
任务实施	现场实物确认	25		能正确、全面地认知系统设备组成
	现场流程讲述	15		讲述语言流畅、清晰明确，设备流程表述正确
	分析报告及视频	15		能完成字数及时间要求，有明确的观点，分析报告表达清晰明确
	职业素养	15		遵章守纪、严谨认真、耐心细致
	团队参与度	15		主动参与团队工作，认真完成布置的任务
	创新意识	5		主动查阅国内外相关资料，提出有建设性的建议
小计		100		
其他考核				
考核人员		分值	评分	考核要点
（指导）教师评价		100		结合任务实施过程的综合表现进行评价
小组互评		100		结合自评表中的相关要求，给予中肯评价
总评		100		总评成绩＝自评成绩×10％＋指导教师评价×75％＋小组评价×15％

单元5.2 自动喷水灭火系统的操作

任务陈述

熟悉自动喷水灭火系统的基本操作方法，完成末端试水装置启动、自动喷水灭火系统喷淋泵的启动复位操作。

知识准备

一、喷淋泵的启动方式举例

各轨道交通运营公司设备各有不同，实际启动操作以现场操作要求为准。

（1）在消防报警主机面板上有喷淋泵启泵按钮，按下"启泵"按钮，发出喷淋泵启动命令。当喷淋泵启动后，响应的监视指示灯常亮，主机显示窗将显示其内容。

（2）在消防报警主机操作键盘上输入喷淋泵启泵代码，使喷淋泵启动。

（3）在喷淋泵房的双电源控制箱上就地开启喷淋泵。将联动开关置于手动挡，按下开启按钮，喷淋泵启动。消防报警主机面板将接收反馈信号，显示窗将显示其内容，监控指示灯亮。

（4）在车控室的消防控制箱上进行操作，按下喷淋泵启动按钮，喷淋泵启动，信号反馈至消防报警主机。

（5）自动喷水灭火系统末端放水装置放水。消防报警主机在自动位时，打开自动喷水灭火系统管网的末端放水龙头，使水流指示器动作，湿式报警阀打开，压力开关动作，启动喷淋泵。

（6）喷头爆裂启动。火灾发生时，装有热敏液体的玻璃球达到动作温度（如68℃）时，球内液体膨胀，使内压力增大，玻璃球炸裂（或易熔合金受热熔化），密封垫脱开，喷出压力水。

二、喷淋泵的复位举例

各轨道交通运营公司设备各有不同，实际复位操作以现场操作要求为准。

（1）如果是在消防报警主机上按动按钮启动喷淋泵，先按下车控室消防电气控制箱紧急停泵按钮停泵，再按下消防报警主机上的撤销命令，随后车控室消防电气控制箱紧急停泵按钮复位。

（2）如果是在消防报警主机上输入喷淋泵代码启动喷淋泵，先按下车控室消防电气控制箱紧急停泵按钮停泵，再次输入喷淋泵代码撤销命令，然后在车控室消防电气控制箱上按动紧急停泵按钮复位。

（3）如果是在喷淋泵房的双电源控制箱上开启喷淋泵，则需将手动/自动转换开关转至手动位，按停止按钮，停泵后再将开关放置自动位。

（4）如果是在车站控制室的消防控制箱上开启喷淋泵，则按下喷淋泵的关闭按钮即可复位。

（5）如果是由末端放水装置启动喷淋泵，则需关闭放水龙头，再到喷淋泵房，在电气控制箱上将手动/自动转换装置转至手动位，按停止按钮，停泵后，再将开关置于自动位置，系统复位。

（6）如果是喷头爆裂启动喷淋泵，应先将电气控制箱上的手动/自动转换开关转至手动位置，按停止按钮，然后更换喷头，再将开关转至自动位置，系统复位。

课后自学

观看视频：自动喷水灭火系统——湿式系统报警联动及连锁控制、自动喷水灭火系统——干式系统报警联动及连锁控制、雨淋系统报警及联动控制（电启动）、预作用——自动喷水灭火系统报警联动控制，完成下列问题。

自动喷水灭火系统——湿式系统报警联动及连锁控制

自动喷水灭火系统——干式系统报警联动及连锁控制

雨淋系统——报警及联动控制（电启动）

预作用——自动喷水灭火系统——报警联动控制

思考四种自动喷水灭火系统的不同之处。

单元5.3　自动喷水灭火系统施工图

任务陈述

以具体工程为例，掌握自动喷水灭火系统施工图结构，会识读自动喷水灭火系统施工图。

知识准备

一、工程基本概况

本单元以山东省济南市市区某活动中心自动喷水灭火系统为例。

（1）该喷淋系统均采用热镀锌钢管，螺纹连接。

（2）消防水管穿地下室外墙设刚性防水套管，穿墙和楼板时设一般钢套管，水平管在吊顶内敷设。

（3）施工完毕，整个系统应进行静水压力试验，喷淋系统工作压力为0.55MPa，试验压力为1.40MPa。

（4）图中标高均以米计，其他尺寸标注均以毫米计。

（5）未尽事宜执行现行施工及验收规范的有关规定。

二、自动喷水灭火系统施工图

（1）一层消火栓系统、自动喷水灭火系统平面图（1∶100），如图4-25所示。
（2）地下一层消火栓系统、自动喷水灭火系统平面图（1∶100），如图4-26所示。
（3）地下一层设备管线、消防平面图（1∶100），如图4-27所示。
（4）D-D剖面图（1∶100），如图4-29所示。
（5）自动喷水灭火系统图，如图4-30所示。

三、识图要求

（1）正确完成系统平面图的识读，准确理解图示表达含义；正确将平面图、系统图、剖面图结合在一起理解施工图表达的含义。
（2）读懂施工图首页文字部分表述内容，正确理解总说明的作用以及与平面图、系统图等的关系。
（3）正确识读自动喷水灭火系统平面图，对照图示内容完成读图报告。
（4）正确识读自动喷水灭火系统图，对照图示内容完成读图报告。
（5）将施工图首页、自动喷水灭火系统平面图、自动喷水灭火系统图结合在一起识读，完成识读报告。

任务实施

完成技能实训5.2 自动喷水灭火系统施工图识读。

课程思政

一、思政主题

劳模精神、工匠精神

二、内容引导

1. 你认为"勤学苦练、深入钻研、勇于创新、敢为人先"可以用在普通工作人员身上吗？适用于自己吗？
2. 当今社会再提劳模精神、工匠精神是否不合时宜？

三、思政案例

罗昭强是中车长春轨道客车股份有限公司高速动车组制造中心调试车间高级诊断组工人。2021年6月28日，党中央决定，授予罗昭强"全国优秀共产党员"称号。

1990年，罗昭强从职业技术学校毕业后来到公司，当上了一名普通的维修电工。罗昭强不懈钻研，由一名普通工人成长为400多台（套）高铁核心设备的"全科医生"。

在中车长客高速动车组制造中心调试车间，中国完全自主知识产权的复兴号列车正在等待调试。这是复兴号在工厂内的最后一道生产工序，罗昭强和工友必须确保其安全出厂。"调试工作就是给高铁赋予生命的人,你会发现,高铁列车进到我们调试车间以后,灯亮了,雨刷动了,门会动了,整个车好像变活了。"罗昭强说,这份工作好比给高铁看病的"医生"。

罗昭强轻描淡写的调试工作实际上难度极高。动车组涉及的所有技术,调试工都要一一通晓。因此,早些年中国有能力从事该工种的人才极为稀缺,全国范围内尚不足2000人。"调试既要调又得试,可面对价值上亿元的动车组,师傅们生怕新人把车整瘫痪了,在车上说得最多的就是:别动,千万别动!"罗昭强说,这种情况严重制约了调试新人的成长。

随着中国高铁技术的飞速发展,人才短缺的问题更加迫在眉睫。

罗昭强急了。经过长时间的思考,一个想法逐渐浮现:用造价便宜的通用器件来替代昂贵的车辆部件,创造一种高速列车整车调试环境模拟技术,让受训人员可以随时实际操作。但这谈何容易。高速动车组是高度集成的复杂系统,一列动车组,拥有4000余张电气原理图和近6000张逻辑控制图,每一个逻辑变量的变化,都会导致车辆状态的变化。罗昭强不服输,硬从图纸学起。"没有退路,自己逼着自己上。""那时候我天天拿着小本到各个车间问,好多人说'你一个电工问这干吗?'"罗昭强说,"我这人很能坚持啊,终于有一天人家跟我说'你说这个问题我还真没这么考虑过'。"罗昭强"学业有成"后,选取了最能体现动车组特点的受电弓、牵引、空调等主要环节,模拟出动车组系统的操作逻辑,工人只要掌握了这些原理和操作,就能基本掌握动车组调试的精髓。

4个月后,罗昭强把自己精心设计的图纸交给了厂家,但意外的是厂家很快就把图纸退了回来。理由是:过于复杂,做不了。倔强的罗昭强决定带着徒弟自己干。罗昭强带领徒弟们整合不同模块,编写程序,设计中央控制单元……最终,这套高速动车组调试操作实训装置诞生了。

据介绍,每个模块都可以模拟动车不同故障,训练调试工人排查故障的能力,以往两三年的培训周期被缩短到了半年以内,让调试工增长的数量跟上了中国高铁迅猛发展的步伐。中国工程院、中国科学院专家评价该项目时一致认为,这是一项不可多得的由工人完成的科技成果,水平处于国际先进行列,填补了国内空白,充分体现了高铁工人的创新能力。

来源:中国新闻网

四、问题思考

罗昭强也是一名普通的高职毕业生,对于他的人生经历中,你有何感想?

技能实训5.2 自动喷水灭火系统施工图识读

◆ 技能实训任务实施引导

任务名称	自动喷水灭火系统施工图识读		任务编号	5.2
任务说明	一、任务要求 试根据所学《建筑制图与识图》或《机械制图》（根据各自学校实际）等，并通过网上查阅等手段，完成自动喷水灭火系统施工图识图。 二、任务实施目的 通过自动喷水灭火系统施工图识读，积极主动学习知识；学会识读自动喷水灭火系统施工图；培养严谨认真的工作作风以及理论与实际相结合的能力；增强动手能力及学习积极性。			
任务实施	自动喷水灭火系统施工图识读引导问题 1. 工程基本概况中提到的设备部件等的作用是什么？在图纸中指出各自的位置。 2. 绘制自动喷水灭火系统施工平面图中各管道、阀门、部件、设备的图例符号。 3. DN25 表示的含义是 _____ 。$\dfrac{\text{直立型喷头}}{68℃}$ 表示 _____ 。$\dfrac{\bigcirc}{DN25}$ 上部圆圈表示 _____ 。 自动喷水灭火系统入口标高是 _____ ，指出水流指示器所在平面图及系统图的位置，并说明为什么布置在这个位置。水流指示器前为什么有阀门？ 4. 图4-21中喷头标高分别为多少？根据所学喷头种类，最不可能的喷头形式是哪种？ 5. 知识拓展：结合所学自动喷水灭火系统认知，找到对应的设备、管路；简述提高识图速度的方法。			

续上表

任务名称	自动喷水灭火系统施工图识读	任务编号	5.2
任务实施	完成自动喷水灭火系统施工图识读，总结识读步骤。（字数不少于200字）		

◆ 技能实训任务考核

班级：_____ 姓名：_____ 学号：_____ 组别：_____

考核项目		分值	自评	考核要点
信息收集	信息收集情况	10		能正确运用所学知识，广泛利用网络等手段获取知识，基本掌握单元5的相关知识
任务实施	作业前准备	20		1. 准备《建筑制图与识图》教材及标准图集等资料； 2. 复习所学《建筑制图与识图》教材、标准图集、自动喷水灭火等相关知识
	施工图识读	30		完成自动喷水灭火系统施工图识图引导问题，按步骤正确识读施工图
	总结提升	25		完成字数要求，对施工图识读进行认真、客观的反思，分析报告表达清晰
	职业素养	15		遵章守纪、严谨认真、耐心细致、不无故迟到、早退；工作态度端正
小计		100		
其他考核				
考核人员		分值	评分	考核要点
（指导）教师评价		100		根据"任务实施引导"中的相关要求完成情况进行评价，加强操作过程评价
小组互评		100		从知识掌握、技能技巧规范熟练、小组活动参与度等方面给予中肯评价
总评		100		总评成绩 = 自评成绩×40% + 指导教师评价×35% + 小组评价×25%

单元 6

细水雾灭火系统

单元概述

细水雾灭火系统是指由供水装置、过滤装置、控制阀、细水雾喷头等组件及供水管道组成的,能自动启动和人工启动并喷放细水雾进行灭火或控火的固定灭火系统。细水雾灭火系统主要以水为灭火介质,采用特殊喷头在压力作用下喷洒细水雾进行灭火或控火,是一种灭火效能较高、环保的灭火系统。本单元重点讲述了细水雾灭火系统的概念、分类、灭火机理、特性,高压细水雾灭火系统的组成、特点、工作原理及动作流程,高压细水雾灭火系统启动方式与运行管理的规定。

学习目标

目标要求	知识目标	1. 掌握细水雾灭火系统的概念、分类、灭火机理等。 2. 掌握细水雾灭火系统的特性。 3. 熟悉高压细水雾灭火系统的组成、特点、工作原理及动作流程。 4. 熟悉高压细水雾灭火系统启动方式与运行管理规定。
	能力目标	1. 通过搜集、访问相关网站等方法培养快速收集信息的能力;通过撰写调查报告、现场讲解等锻炼,提升对文字等的组织能力及语言表达能力。 2. 通过闭式高压细水雾灭火系统的启动操作,培养理论与实际相结合的能力及动手操作能力。
	素质目标	1. 通过对信息的学习、处理及规范操作设备设施等养成主动学习的习惯。 2. 通过闭式高压细水雾灭火系统的启动操作,培养严谨认真的工作作风,提高学习积极性。 3. 通过本单元引导案例的学习,培养个人服从整体、忠于职守、兢兢业业、干一行爱一行、全心全意为人民服务的意识。

单元6.1 细水雾灭火系统的灭火机理及分类

掌握细水雾灭火系统的概念、分类,熟悉细水雾灭火系统的灭火机理。

知识准备

细水雾的定义
国内外标准的区别

根据《细水雾灭火系统技术规范》(GB 50898—2013)的规定,细水雾是指水在最小设计工作压力下,经喷头喷出并在喷头轴线下方1.0m处的平面上形成的直径 $Dv_{0.50}$ 小于200μm,$Dv_{0.99}$ 小于400μm的水雾滴。也就是说,在这个平面上,有50%的雾滴直径小于200μm,有99%的雾滴直径小于400μm。细水雾灭火系统示例如图6-1所示。

图6-1 细水雾灭火系统示例

一、细水雾灭火系统的灭火机理

细水雾灭火系统的灭火机理主要是吸热冷却、隔氧窒息、辐射热阻隔、浸湿、乳化和稀释作用等。在实际的灭火过程中,几种作用往往会同时发生。下面主要介绍前四种作用。

(一)吸热冷却作用

细水雾雾滴直径很小,比表面积大,受热后易于汽化,在气、液相态变化过程中从燃烧物质表面吸收大量的热量,使火场温度骤降,达到灭火的目的。

(二)隔氧窒息作用

细水雾喷入火场后,雾滴在受热后汽化形成原体积1700倍的水蒸气,迅速排斥火场的空气,在燃烧物质周围形成一道屏障阻隔新鲜空气的进入。当火场中氧的浓度降低到不能燃烧的程度时,火焰窒息熄灭,达到灭火的目的。系统启动后形成的水蒸气完全覆盖整个着火面的时间越短,窒息作用越明显。

(三)辐射热阻隔作用

细水雾喷入火场后,形成的水蒸气可迅速笼罩燃烧物、火焰和烟羽,对火焰的辐射热具有很好的阻隔作用,能够有效抑制辐射热引燃周围的其他物品,达到防止火灾蔓延的效果。

(四)浸湿作用

细水雾的雾滴会附到燃烧物表面,从而使燃烧物得到浸湿,同时系统喷出的细水雾可以充分将着火位置以外的燃烧物浸湿,起到抑制火灾蔓延和发展的作用。

二、细水雾灭火系统的分类

细水雾灭火系统主要按工作压力、应用方式、雾化介质、动作方式和供水方式等进行分类。

(1)《细水雾灭火装置》(XF 1149—2014)规定,按装置工作压力的不同,细水雾灭火系统可以分为高压细水雾灭火系统、中压细水雾灭火系统、低压细水雾灭火系统,如图 6-2 所示。

图 6-2 细水雾灭火系统的压力分类

①高压细水雾灭火装置 $p \geqslant 3.50\mathrm{MPa}$。
②中压细水雾灭火装置 $1.20\mathrm{MPa} < p \leqslant 3.50\mathrm{MPa}$。
③低压细水雾灭火装置 $p < 1.20\mathrm{MPa}$。
注:p 为分配管网中流动介质压力。

(2) 按应用方式的不同,细水雾灭火系统可以分为全淹没应用方式和局部应用方式。全淹没应用方式是指向整个防护区喷放细水雾,并持续一定的时间,保护其内部所有保护对象的系统应用方式,适用于扑救空间相对封闭的火灾;局部应用方式是指直接向保护对象喷放细水雾,并持续一定的时间,保护空间内某具体保护对象的系统应用方式,适用于扑救大空间内具体保护对象的火灾。

(3) 按动作方式的不同,细水雾灭火系统可以分为开式细水雾灭火系统、闭式细水雾灭火系统。开式细水雾灭火系统是指采用开式细水雾喷头的灭火系统,系统由火灾自动报警系统或传动管控制,自动开启分区控制阀和水泵后,向开式细水雾喷头供水;闭式细水雾灭火系统是指采用闭式细水雾喷头的细水雾灭火系统,又可以分为湿式、干式和预作用三种形式。

(4) 按雾化介质的不同,细水雾灭火系统可以分为单流体细水雾灭火系统、双流体细水雾灭火系统。单流体细水雾灭火系统是指使用单个管道向每个喷头供给灭火介质的细水雾灭火系统,双流体细水雾灭火系统是向细水雾喷头分别供给水和雾化介质(如空气)的细水雾灭火装置。

(5) 按供水方式不同,细水雾灭火系统主要可以分为泵组式细水雾灭火系统、瓶组式细水雾灭火系统等。泵组式细水雾灭火系统是指采用泵组(或稳压装置)作为供水装置的细水雾灭火系统,设有独立的储水箱,可以保证更长的灭火时间,并可以重复启动灭火。泵组式细水雾灭火装置是目前广泛使用的方式,如图 6-3 所示。瓶组式细水雾灭火系统是指采用瓶组储存加压气体进行加压供水的细水雾灭火系统。系统启动时,储气瓶组中的高压氮气推动储水瓶组中的水释放到保护区,如图 6-4 所示。

图6-3 泵组式细水雾灭火系统

图6-4 瓶组式细水雾灭火系统

任务实施

以小组为单位，编写研究报告：结合细水雾的概念，谈谈目前人们常说的PM2.5的含义是什么，制备这个粒径范围的水雾，对设备有什么要求。

单元6.2 细水雾灭火系统的特性与工作原理

任务陈述

熟悉细水雾灭火系统的特性，熟悉高压细水雾灭火系统的组成及工作原理，完成闭式高压细水雾灭火系统湿式系统的基本操作。

知识准备

一、细水雾灭火系统的特性

（一）绿色环保及高效灭火

细水雾灭火系统具有绿色环保及高效灭火的特性。细水雾对人体无害，对环境无影响，不会在高温下产生对人体有害的分解物质。细水雾灭火系统除了具有高效的冷却、辐射热阻隔及吸收烟尘等作用，还能够承受保护区域一定限度的通风，被障碍物遮挡时仍然可以发挥灭火效能，更有利于火灾现场人员的逃生与扑救。细水雾灭火系统喷放示例如图6-5所示。

图6-5 细水雾灭火系统喷放示例

（二）使用广泛

细水雾灭火系统具有广泛的适用性。

（1）细水雾灭火系统适用于扑救以下火灾：

①可燃固体（A类）火灾。细水雾灭火系统可以有效扑救相对封闭空间内的可燃固体

（纸张、木材、纺织品和塑料泡沫、橡胶等）表面火灾，如图书馆、档案馆、文物库等固体危险场所。

②可燃液体（B类）火灾。细水雾灭火系统可以有效扑救相对封闭空间内的可燃液体火灾，如正庚烷或汽油等低闪点可燃液体及润滑油等中、高闪点的可燃液体火灾，如液压站、润滑油库、柴油发电机房、燃油锅炉房、直燃机房等可燃液体火灾危险场所。

③电气（E类）火灾。细水雾灭火系统可以有效扑救电气火灾，如油浸电力变压器、配电室、油开关柜室、计算机房、通信机房、中央控制室、大型电缆室、电缆隧（廊）道等电气设备火灾危险场所。

（2）细水雾灭火系统不适合扑救以下火灾：
①遇水能发生剧烈反应或产生大量有害物质的活泼金属火灾，如锂、钠等火灾。
②不能直接应用于扑灭可燃气体火灾，如液化天然气等低温液化气体的火灾。
③可燃固体的深位火灾。

（三）良好的电绝缘性

细水雾的水滴粒径更小，喷雾时呈不连续性，所以电气绝缘性更好。

（四）有效去除烟气

细水雾灭火系统具有有效去除烟气的作用。细水雾蒸发后体积膨胀而充满整个火场空间，细小的水蒸气颗粒极易与燃烧形成的游离碳颗粒结合，从而对火场环境起到很强的洗涤、降尘、净化作用，可以有效消除烟雾中的腐蚀性物质及有毒物质，利于人员疏散和消防员的灭火救援工作。

（五）用水量小

细水雾灭火系统用水量仅为常规喷淋系统用水量的十分之一，水渍损失能够得到控制。火灾后的清理工作量小，并在尽可能短的时间内可恢复操作。

（六）灭火剂来源广价格低

对于细水雾灭火系统水作为灭火剂来源广泛，价格低廉；备用状态水容器为常压，克服了气体系统难以解决的泄漏问题；工程应用十分便捷，日常维护工作量和费用较气体系统大大降低。

二、高压细水雾灭火系统的组成及工作原理

高压细水雾灭火系统主要适用于档案馆、图书馆书库、档案库、资料库、文物库等场所的可燃固体表面火灾，液压站、油浸电力变压器室、润滑油仓库、透平油仓库、柴油发电机房、燃油锅炉房、燃油直燃机房、油开关柜室等场所的可燃液体火灾，配电室、计算机房、数据处理机房、通信机房、中央控制室、大型电缆室、电缆隧（廊）道、电缆竖井等场所的电气设备火灾，交通隧道、城市轨道交通控制中心、烟草库房及大空间库房等场所的火灾，某些化工设施的降温以及环保上的控温降尘等场所。城市轨道交通消防系统多采用高压细水雾灭火系统，我们将重点介绍高压细水雾灭火系统。

高压细水雾灭火系统由水源（储水池、储水箱、储水瓶等）、供水装置、控制阀组、

细水雾喷头、系统管网以及火灾自动报警及联动控制系统等组成。为保证系统中形成细水雾的部件正常工作,细水雾灭火系统管道要求采用奥氏体不锈钢钢管等管道,喷头喷出的雾滴粒径小,对水质的要求高。系统的水质除应符合制造商的技术要求外,泵组系统的水质不应低于国家标准《生活饮用水卫生标准》(GB 5749—2022)的规定,瓶组系统的水质不应低于国家标准《食品安全国家标准 包装饮用水》(GB 19298—2014)的有关规定,细水雾灭火系统补水水源的水质应与系统的水质要求一致。为了防止细水雾喷头堵塞,影响灭火效果,系统还设有过滤器。

闭式高压细水雾灭火系统可分为湿式系统和预作用系统,预作用系统很少使用,因此主要介绍闭式高压细水雾湿式灭火系统。

(一) 闭式高压细水雾湿式灭火系统的组成

闭式高压细水雾湿式灭火系统包括高压细水雾泵组、分区控制阀、高压细水雾喷头末端试水阀等。

1. 高压细水雾泵组

高压细水雾泵组由高压细水雾控制柜、主泵组、稳压泵组、水箱(含液位显示及控制器)、水箱进水过滤器及电磁阀、安全泄压阀、压力传感器、机架及连接管道、阀件等组成,一般成套设置,放置在专用的泵房内。高压细水雾泵组示例如图6-6所示,高压细水雾泵组的组成如图6-7所示。闭式高压细水雾灭火系统应设置稳压泵,且稳压泵的流量不应大于系统中水力最不利点处一只喷头的流量。最不利点处的喷头应经计算后确认,多数情况下,人们常采用输送距离最远处的喷头。

图6-6 高压细水雾泵组示例

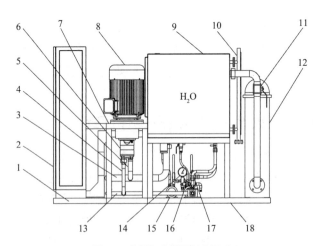

图6-7 高压细水雾泵组的组成

1-控制柜安装架;2-控制柜;3-主出水管;4-高压出水管路;5-进水管路;6-高压泵;7-泵组安装架;8-电机;9-水箱;10-液位计;11-进水阀门;12-过滤器;13-集流管;14-压力表;15-稳压泵;16-安全阀;17-调压阀;18-水箱安装架

2. 分区控制阀

分区控制阀是指能接收控制信号并自动开启，使细水雾喷头向对应的防护对象喷放实施灭火的控制阀。闭式高压细水雾湿式灭火系统应按楼层或防火分区设置分区控制阀，分区控制阀宜靠近防护区设置，并应设置在防护区外便于操作、检查和维护的位置。分区控制阀上宜设置系统动作信号反馈装置，当分区控制阀上无系统动作信号反馈装置时，应在分区控制阀后的配水干管上设置系统动作信号反馈装置（一般为流量开关）。分区控制阀如图6-8所示，分区控制阀的组成如图6-9所示。分区控制阀应为带开关锁定或开关指示的阀组，确保工作时处于开启状态。当系统排空、管网检修及更换喷头等时可以关闭分区控制阀，分区控制阀关闭时，应向消防控制中心发送关闭状态信号。

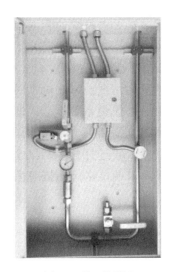

图6-8　分区控制阀

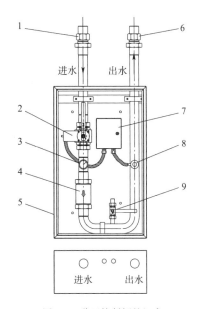

图6-9　分区控制阀的组成
1-高压焊接式活接头（进水口）；2-带开关高压手动球阀（常开）；3-压力表；4-单向阀；5-箱体；6-高压焊接式活接头（出水口）；7-接线盒；8-流量开关；9-试验阀（常闭）

3. 高压细水雾喷头

高压细水雾喷头通过喷头的专用连接件与细水雾管道连接，用于雾化高压水。高压细水雾喷头如图6-10所示。闭式高压细水雾湿式灭火系统应选择快速响应型喷头，喷头的公称动作温度宜高于环境最高温度30℃，可以根据不同的环境温度选择不同温度等级的喷头，同一防护区内应采用相同热敏性能的喷头。闭式高压细水雾喷头内置玻璃球（或易熔合金），玻璃球顶住细水雾喷头的进水口密封座，当发生火灾时，玻璃球内的液体随着温度的升高不断膨胀，当温度达到规定值时，玻璃球爆裂，密封座失去支撑后压力水喷出灭火。

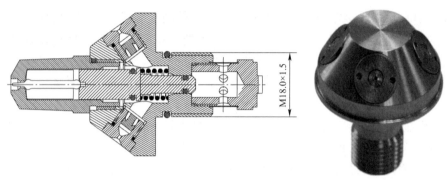

a) 高压细水雾喷头构造图　　　　　　b) 高压细水雾喷头示例

图 6-10　高压细水雾喷头（单位：mm）

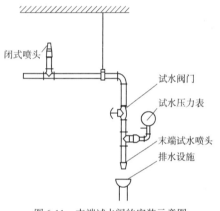

图 6-11　末端试水阀的安装示意图

4. 末端试水阀

闭式高压细水雾湿式灭火系统的管网最不利点处应设置末端试水阀，末端试水阀的安装示意图如图 6-11 所示。末端试水阀阀前应设置试水压力表，用于观察系统管网的压力情况；末端试水阀出口的流量系数应与一个喷头的流量系数等效，即打开末端试水阀时，试水阀的流量和一个喷头动作的流量相当。系统测试时，可以通过打开末端试水阀，模拟喷头喷水时的工况。末端试水阀的接口大小应与管网末端的管道一致。

（二）闭式高压细水雾湿式灭火系统的工作原理

闭式高压细水雾湿式灭火系统在准工作状态下从泵组出口至喷头的管网通过稳压泵维持一定的管网压力（闭式高压细水雾湿式灭火系统应设置稳压泵，且稳压泵的流量不应大于系统中水力最不利点一个喷头的流量），当系统管网压力降低到稳压泵启动值（如 8bar）时，电接点压力表向细水雾控制柜发出稳压泵启动信号，启动稳压泵加压，管网压力升高到稳压泵停止值（如 10~12bar）时，停止稳压泵。稳压泵运行超过 10s，压力仍达不到设定压力值时，主泵启动，稳压泵停止。闭式高压细水雾湿式灭火系统工作原理图如图 6-12 所示。

三、闭式高压细水雾系统的启动

《细水雾灭火系统技术规范》（GB 50898—2013）规定，瓶组系统应具有自动、手动和机械应急操作控制方式，其机械应急操作应能在瓶组间直接手动启动系统。泵组系统应具有自动、手动控制方式。泵组式细水雾灭火系统消防主泵的联动有两种方式，这两种方式同时有效，互相补充。当火灾发生时，闭式细水雾喷头开启灭火，由于喷头流量大于稳压泵流量，稳压泵无法维持管网压力，压力不断降低，当压力值持续低于稳压泵启动值时，启动消防主泵，同时停止稳压泵。当火灾发生时，细水雾喷头开启，分区控制阀箱的流量开关感应水流动作，联动消防主泵，同时向火灾报警系统发送报警信号，方便消防值班人员确认相关信息。

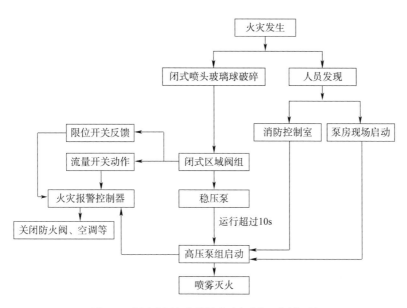

图6-12 闭式高压细水雾湿式灭火系统工作原理图

闭式高压细水雾灭火系统的消防泵可以通过细水雾控制柜手动启动，也可以通过火灾报警联动控制系统远程启动。火灾报警联动控制系统应能接收水泵的工作状态（主要包括泵组的启动、停止和故障信号，水箱的枯水位信号等）、分区控制阀的启闭状态、细水雾喷放的反馈信号。还可以在分区控制箱内通过机械方式开启分区控制阀，管网压力下降，稳压泵启动，由于稳压泵不能满足流量要求，管网压力持续降低细水雾控制柜自动启动消防主泵。

 任务实施

完成技能实训6.1闭式高压细水雾灭火系统认知。

职业要求

一、职业意识

学习螺丝钉精神。

二、引导问题

1. 在日常消防巡检维护过程中按照常规流程一般不会出什么问题，用不着特别钻研，这种认识正确吗？

2. 如何理解"螺丝钉精神是自觉地把个人融入党和人民的事业之中去，个人服从整

体、服从组织，忠于职守，兢兢业业，干一行爱一行，全心全意为人民服务的精神"？这种想法过时了吗？

3. 在日常工作中，"螺丝钉精神"可以从哪些方面体现？

三、引导案例

通过图书资料、上网检索等多种方式，查找雷锋同志"螺丝钉精神"以及毛主席挥笔题词"向雷锋同志学习"等相关资料。

四、问题思考

改革开放以来，人们的物质生活已经有了很大改善，艰苦奋斗、勤俭节约的创业精神还需要传承吗？请结合自身情况进行反思。

技能实训6.1　闭式高压细水雾灭火系统认知

◆ **技能实训任务实施**

任务名称	闭式高压细水雾灭火系统认知		任务编号	6.1
任务说明	一、任务要求 　　根据所学，结合现场闭式高压细水雾灭火系统设备，通过学习提供的动画视频，熟悉闭式细水雾灭火系统的工作原理，并通过网上查阅等手段，认知闭式高压细水雾灭火系统。 二、任务实施目的 　　通过对现场闭式高压细水雾灭火系统设备的认知，加深对闭式高压细水雾灭火系统组成、结构的认识，促进对高压细水雾灭火系统的原理等的掌握。			闭式细水雾灭火系统——湿式系统
任务实施	闭式高压细水雾灭火系统的认知引导问题			
	1. 结合现场闭式高压细水雾灭火系统实物，准确认知相关设备、管路、阀门。			
	2. 结合所学细水雾灭火系统分类，试判断实训室属于何种系统，并简述理由。			
	3. 高压细水雾喷头与普通喷头有何不同？			
	4. 末端试水阀的组成安装与所学内容是否一致？末端试水阀的接口大小与管网末端的管道是否一致？			
	5. 以小组为单位讲述闭式高压细水雾湿式灭火系统的组成。			

续上表

任务名称	闭式高压细水雾灭火系统认知		任务编号	6.1
任务实施	6. 以小组为单位讲述分区控制阀的组成。 7. 根据实训室现场设备布置情况，手绘操作流程图。			
	通过对闭式高压细水雾灭火系统的认知，谈谈收获与反思。（字数不少于100字）			

◆ **技能实训任务考核**

班级：_____ 姓名：_____ 学号：_____ 组别：_____

考核项目		分值	自评	考核要点
信息收集	信息收集情况	10		能正确运用所学，广泛利用网络等手段获取知识
任务实施	现场认知	20		能正确、全面地认知系统设备组成
	现场流程讲述	30		讲述语言流畅、清晰明确，设备流程表述正确
	分析报告	10		能完成字数要求，有明确观点，分析报告表达清晰明确
	职业素养	10		遵章守纪、严谨认真、耐心细致
	团队参与度	15		主动参与团队工作，认真完成布置的任务
	创新意识	5		主动查阅国内外相关资料，提出有建设性的建议
小计		100		
其他考核				
考核人员		分值	评分	考核要点
（指导）教师评价		100		结合任务实施过程的综合表现进行评价
小组互评		100		结合自评表中的相关要求，给予中肯评价
总评		100		总评成绩=自评成绩×10%+指导教师评价×75%+小组评价×15%

单元 7

气体灭火系统

  气体灭火系统是指灭火介质为气体灭火剂的灭火系统,是传统的四大固定式灭火系统(水、气体、泡沫、干粉)之一。气体灭火系统具有灭火效率高、灭火速度快、电绝缘性好、对保护对象无污损等优点。为保护城市轨道交通设施安全,通常在城市轨道交通范围内的重要电气、电子用房等位置设置气体灭火系统,如车站的民用通信机房、环控电控室、变配电室、主变电所等场所。这些重要设备用房中所安装的设备不但价格昂贵,而且直接影响整个城市轨道交通的运营,如果发生火灾将造成重大的经济损失和不良的社会影响。本单元重点讲述了气体灭火系统的分类和灭火机理,气体灭火系统的组成、工作原理以及气体灭火系统工作流程与操作方法。

学习目标

目标要求	知识目标	1. 掌握气体灭火系统的分类和灭火机理。 2. 掌握气体灭火系统的组成、工作原理。 3. 熟悉气体灭火控制系统工作流程与操作方法。
	能力目标	1. 通过访问相关网站、搜集资料等方法培养快速收集信息的能力;通过撰写调查报告、现场讲解等锻炼,提升对文字等的组织能力及语言表达能力。 2. 通过气体灭火系统现场认知,培养理论与实际相结合的能力及动手操作能力。
	素质目标	1. 通过对信息的学习、处理及规范操作设备设施等养成主动学习的习惯。 2. 通过气体灭火系统的现场认知、气体灭火控制器基本操作及气体灭火系统的操作,培养严谨认真的工作作风,提高学习积极性。 3. 通过本单元引导案例的学习,增强民族自尊心、自信心、自豪感,成为"四有新人"。

单元 7.1　气体灭火系统的灭火机理及组成

掌握气体灭火系统的分类、灭火机理及组成，掌握组合分配式气体灭火系统的基本结构，认知组合分配式气体灭火系统的结构。

一、气体灭火系统的分类

（一）按气体灭火系统灭火剂种类的不同分类

按气体灭火系统灭火剂种类的不同，气体灭火系统可分为以七氟丙烷为代表的卤代烃灭火系统、以 IG541 为代表的惰性气体灭火系统以及二氧化碳灭火系统等。随着人们对气体灭火剂认识的不断深入以及环保意识的不断加强，气体灭火系统的种类会越来越多，系统在应用形式、组成、部件的结构等方面更趋多样化，安全性、可靠性等也在不断提高。

1. 卤代烃气体灭火系统

卤代烃气体灭火系统采用卤代烃灭火剂。卤代烃灭火剂是一种人工合成的灭火剂，主要包括哈龙 1211（分子式 CF_2ClBr）、哈龙 1301（分子式 CF_3Br）、三氟甲烷（分子式 CHF_3）、六氟丙烷（分子式 $CF_3CH_2CF_3$）、七氟丙烷（分子式 CF_3CHFCF_3）等。哈龙 1211、1301 破坏大气臭氧层，目前已经被淘汰；三氟甲烷、六氟丙烷、七氟丙烷不损害大气臭氧层（破坏臭氧潜能值 ODP＝0），但都有一定的使全球变暖的潜力（全球变暖潜能值 GWP＞0）。

七氟丙烷灭火系统以七氟丙烷作为灭火剂，以化学灭火为主，兼有物理灭火的作用，是目前应用广泛的气体灭火系统。在工作温度范围内，七氟丙烷灭火剂是一种无色、无味的气体，具有清洁、不导电、灭火效率高、不污染被保护对象、对大气臭氧层无破坏作用（ODP 值为零）等特点，符合环保要求。在大部分保护区域，七氟丙烷灭火浓度均低于人体的无毒性反应浓度（NOAEL 浓度），对人体是安全的，是一种优秀的洁净气体灭火剂。

2. 惰性气体灭火系统

惰性气体灭火系统采用惰性气体灭火剂。惰性气体灭火剂是一种由氮气、氩气以及二氧化碳按一定质量比混合而成的灭火剂。惰性气体灭火剂均为大气的组成部分，取自天然或工业副产品，是一种纯"绿色"的气体灭火剂。

IG541 是一种常见的气体灭火剂，由氮气、氩气和二氧化碳按一定质量比混合而成（氮气约52%，氩气约40%，二氧化碳约8%）。IG541 在国外的商标名称为 Inergen（烟烙尽），是美国安素（ANSUL）公司开发的气体灭火系统。当 IG541 气体按照规定的设计灭火浓度喷放于需要保护的区域时，可以在1min之内将区域内的氧气浓度迅速降至12.5%，使燃烧无法继续进行。同时，在这样低的氧气浓度下，保护区域的二氧化碳浓度已从自然状态下的低于1%提高到4%，使人的呼吸速率比平时加快，可以在单位时间内吸入更多的氧气以维持正常的生命所需。烟烙尽气体不存在温室效应，不会破坏臭氧层，是一种真正意义上的"零"污染灭火剂。在工作温度范围内，IG541是一种无色、无味的气体，具有清洁、不导电、灭火效率高的特点。因其规范较为完备，技术较成熟，目前很多国内城市轨道交通公司采用IG541气体灭火系统。

3. 二氧化碳灭火系统

二氧化碳灭火系统采用二氧化碳作为灭火剂。二氧化碳为大气的组成部分，是一种无色、无味的气体，具有清洁、不导电、灭火效率高的特点。二氧化碳主要取自工业副产物，是一种"绿色"的气体灭火剂。二氧化碳灭火系统一般采用全淹没灭火系统，也可以采用局部应用灭火系统。二氧化碳灭火系统的设计浓度较高（大于30%），远大于二氧化碳对人体的致死浓度（10%~20%）。二氧化碳不能用在经常有人的场所，并应严格做好喷放以后的通风换气。

（二）按气体灭火系统的结构特点的不同分类

按气体灭火系统的结构特点的不同，气体灭火系统可分为有管网气体灭火系统、无管网气体灭火系统和探火管气体灭火系统等。

1. 有管网气体灭火系统

有管网气体灭火系统是指按一定的应用条件进行设计计算，将灭火剂从储存装置经由干管、支管，输送至喷放组件，实施喷放的气体灭火系统。有管网气体灭火系统的灭火剂储瓶组和驱动气体瓶组设置在专用的储瓶间，通过气体管网将灭火剂输送到防护区，通过喷嘴将灭火剂喷散雾化。相对于无管网气体灭火系统，有管网气体灭火系统具有更高的安全性和可靠性。IG541、七氟丙烷、二氧化碳都可以设计成有管网气体灭火系统。有管网气体灭火系统又分为单元独立式系统和组合分配式系统两大类。

（1）单元独立式系统

单元独立式系统是指一套气体灭火剂储存装置对应一个防护区的灭火系统，它没有选择阀。当防护区发生火灾时，火灾报警灭火控制器发出指令，打开启动气体钢瓶的电磁驱动器，释放启动气体；启动气体通过启动气体管路，打开灭火剂储瓶的容器阀，释放灭火剂；灭火剂经高压软管、灭火剂输送管道、喷嘴向防护区喷洒灭火剂灭火。单元独立式系统如图7-1所示。

（2）组合分配式系统

组合分配式系统是指采用一套气体灭火剂储存装置，通过管网的选择分配，保护两个或两个以上防护区的气体灭火系统。组合分配式系统如图7-2所示。组合分配式系统的灭火剂储存量应按储存量最大的防护区来确定。组合分配式系统的每个防护区都安装有选择阀。选择阀平时关闭，当某个防护区需要灭火时，打开对应防护区的选择阀，向指定的防护区释放灭火剂。

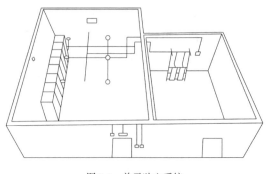
图 7-1 单元独立系统

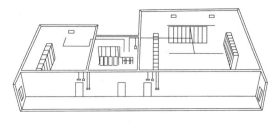
图 7-2 组合分配系统

2. 无管网气体灭火系统

无管网气体灭火系统又称预制气体灭火系统，主要包括柜式无管网气体灭火系统和悬挂式无管网气体灭火系统。无管网气体灭火系统安装方便，不需要专用的气瓶间，灭火系统可直接摆放或悬挂在防护区。

（1）柜式无管网气体灭火系统

柜式无管网气体灭火系统直接摆放在防护区内，不需要管道输送，安装简便。当火灾发生时，柜式无管网气体灭火系统直接向防护区喷射灭火剂，灭火剂无管路损失，灭火速度更快、效率更高。根据《气体灭火系统设计规范》（GB 50370—2005）的规定，无管网气体灭火系统具有自动、手动两种启动方式。柜式气体灭火系统由灭火剂储瓶组、电磁型驱动装置、高压软管、信号反馈装置、柜体、喷嘴等组成，不需要安装灭火剂输送管道，不需要设置专用的储瓶间。柜式无管网气体灭火系统受火灾报警控制系统的联动控制，可以多台联动保护较大的防护区。柜式无管网七氟丙烷灭火系统如图 7-3 所示。

图 7-3 柜式无管网七氟丙烷灭火系统

柜式无管网气体灭火系统的其他内容可自主学习《柜式气体灭火装置》（GB 16670—2006）等。

（2）悬挂式无管网气体灭火系统

悬挂式气体灭火系统由灭火剂储存容器、启动释放组件、悬挂支架（座）等组成，可悬挂或壁挂式安装。悬挂式气体灭火系统根据启动方式的不同可分为感温型和电磁型。感温型悬挂式气体灭火系统采用感温释放组件，当达到动作温度时自动释放气体。感温型悬挂式气体灭火系统不需要报警联动系统，不能多台联动，每个防护区中只能单台布置。感温型悬挂式七氟丙烷灭火系统如图 7-4 所示。电磁型悬挂式气体灭火系统采用电磁型启动释放组件，接收报警联动控制信号启动，可以多台联动，保护较大的防护区。

悬挂式无管网气体灭火装置的其他内容可自主学习《悬挂式气体灭火装置》（XF 13—2006）等。

3. 探火管气体灭火系统

探火管气体灭火系统是通过探火管探测火灾,并能启动气体喷射的预制灭火系统。其中的主要部件探火管是可作为自动探测火灾、传递火灾信息、启动灭火装置、灭火剂释放部件并能输送灭火剂的充压非金属软管。对于大空间中只有部分设备或面积需要灭火保护的场所,可以采用探火管气体灭火系统进行局部保护,而不必采用大型自动灭火系统来保护整个空间。

探火管气体灭火系统特别适用于带有外壳的小型设备,如高低压配电柜、大型电子显示屏、大型空调主机、银行 ATM 机、档案柜等。探火管气体灭火系统如图 7-5 所示。

图 7-4　感温型悬挂式七氟丙烷灭火系统　　图 7-5　探火管气体灭火系统

根据探测方式的不同,探火管气体灭火系统可分为直接式探火管气体灭火系统和间接式探火管气体灭火系统。按充装灭火剂类别的不同,常用的探火管气体灭火系统有二氧化碳探火管气体灭火系统及七氟丙烷探火管气体灭火系统等。

直接式探火管气体灭火系统是使用探火管作为火灾探测、装置启动、灭火剂释放部件的探火管气体灭火系统。探火管作为火灾探测的联动部件,同时兼做灭火剂输送和喷放管道,通常设置在被保护对象的内部。正常情况下,探火管充有一定压力的氮气。火灾发生时,探火管受热破裂,探火管内部的压力迅速降低,联动开启灭火剂储瓶容器阀,灭火剂通过探火管释放至被保护区域,完成灭火。直接式探火管气体灭火系统如图 7-6 所示。

间接式探火管气体灭火系统是将探火管作为火灾探测及启动部件,释放管、喷头作为灭火剂释放部件的探火管气体灭火系统。与直接式探火管气体灭火系统不同的是,间接式探火管气体灭火系统的探火管仅作为火灾探测及联动的部件,灭火剂通过释放管、喷头释放。正常情况下,探火管充有一定压力的氮气。火灾发生时,探火管受热破裂,探火管内部的压力迅速降低,联动开启灭火剂储瓶的容器阀,灭火剂通过输送管道、喷嘴释放至被保护区域。间接式探火管气体灭火系统如图 7-7 所示。

(三) 按气体灭火系统的保护范围不同分类

按保护范围不同,气体灭火系统可分为全淹没灭火系统和局部应用灭火系统。

1. 全淹没灭火系统

全淹没灭火系统是指在规定的时间内,向防护区喷放设计规定用量的灭火剂,并使其均匀地充满整个防护区的灭火系统。七氟丙烷、IG541、二氧化碳灭火系统等适用于全淹没灭火系统。全淹没灭火系统是常用的灭火方式。

图7-6 直接式探火管气体灭火系统　　图7-7 间接式探火管气体灭火系统

2. 局部应用灭火系统

局部应用灭火系统是指在规定的时间内向保护对象以设计喷射率直接喷射灭火剂，在保护对象周围形成局部的高浓度，并持续一定时间的灭火系统。

二、气体灭火系统的灭火机理

气体灭火系统的灭火机理与气体灭火剂的性能密切相关，不同灭火剂的灭火机理各不相同。

（一）七氟丙烷灭火系统的灭火机理

七氟丙烷在压力容器中以液态储存（20℃时液态七氟丙烷的密度为1.4kg/L），喷放时通过喷嘴雾化后迅速汽化，吸收热量，有冷凝气雾产生，因此，也有一定的降温冷却作用。七氟丙烷灭火剂由大分子组成，灭火时分子中的一部分键断裂需要吸收热量，其热解产物也有利于灭火。为确保灭火效果，必须用最快的速度使防护区达到设计灭火浓度。《气体灭火系统设计规范》（GB 50370—2005）规定，在通信机房和电子计算机房等防护区，设计喷放时间不应大于8s；在其他防护区，设计喷放时间不应大于10s。

（二）IG541气体灭火系统的灭火机理

IG541气体灭火系统的灭火机理属于物理灭火方式，主要通过稀释氧气浓度、隔绝空气等窒息作用灭火，灭火速度较快。《气体灭火系统设计规范》（GB 50370—2005）规定，当IG541气体灭火剂喷放至设计用量的95%时，其喷放时间不应大于60s，且不应小于48s。

（三）二氧化碳灭火系统的灭火机理

二氧化碳主要靠窒息作用以及一定的冷却作用实现灭火。二氧化碳喷放以后，防护区氧气浓度降低,使燃烧物因得不到足够的氧气而熄灭;同时,在常温常压条件下,二氧化碳的物态为气相,当储存于密封高压气瓶中,低于临界温度时以气、液两相共存。在灭火过程中,当二氧化碳从储存气瓶中释放出来时,压力骤然下降,由液态转变成气态,吸收大量的热量,因此也具有一定的降温冷却作用。

二氧化碳全淹没灭火系统的喷放时间不应大于1min。当扑救固体深位火灾时,二氧化碳全淹没灭火系统的喷放时间不应大于7min,并应在前2min内使二氧化碳的浓度达到30%;二氧化碳局部应用灭火系统的喷射时间不应小于0.5min。

三、气体灭火系统的组成

气体灭火系统一般由瓶组架、灭火剂储瓶、高压软管、容器阀、单向阀、选择阀、安全泄放装置、驱动气体瓶组、低泄高封阀、集流管、驱动管路、喷头等组成。组合分配式气体灭火系统结构如图7-8所示。

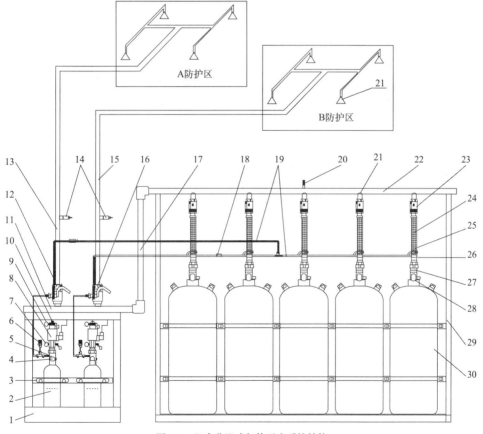

图7-8 组合分配式气体灭火系统结构

1-瓶组架(启动瓶);2-启动瓶;3-启动瓶抱箍;4-启动瓶压力表;5-启动瓶容器阀;6-低泄高封阀;7-电磁驱动器保险销;8-启动瓶电磁驱动器;9-机械应急启动保险销;10-机械应急启动按钮;11-集流管;12-A区选择阀;13-A区灭火输送管道;14-接火灾报警灭火控制器;15-B区灭火输送管道;16-B区选择阀;17-连接管;18-驱动气体单向阀;19-启动管路;20-安全阀;21-喷嘴;22-集流管;23-液体单向阀;24-灭火剂储瓶组架;25-灭火剂储瓶容器阀;26-高压软管;27-机械应急启动手柄;28-灭火剂储瓶压力表;29-灭火剂储瓶;30-储瓶抱箍

（1）瓶组架（驱动气体瓶组）：用于固定驱动气体瓶组。

（2）电磁型驱动装置：安装在驱动气体瓶组容器阀上，用于接收启动信号（也可以用于机械应急启动），开启驱动气体瓶组容器阀。电磁型驱动装置上的闸刀刺破容器阀上的密封膜片，释放驱动气体。当采用机械手动开启方式时，可取下铅封，拔出保险销，用力按下机械应急启动按钮。电磁型驱动装置如图7-9所示。

（3）驱动气体瓶组容器阀：用于驱动密闭气体，容器阀上带有压力表，用于检测驱动气体是否泄漏。驱动气体瓶组容器阀如图7-10所示。

图7-9　电磁型驱动装置　　　　图7-10　驱动气体瓶组容器阀

（4）驱动气体储瓶：用于储存驱动气体（通常是氮气）。驱动气体储瓶如图7-11所示。

（5）低泄高封阀：平时处于打开状态，少量的驱动气体泄漏可以从低泄高封阀泄放，防止系统误动作。当系统启动时，启动管路的压力迅速升高，低泄高封阀自动关闭，确保系统正常启动。

（6）驱动管路：输送驱动气体。

（7）选择阀：在组合分配式气体灭火系统中，选择阀用于分区控制，平时关闭。选择阀可以通过驱动气体或电磁机构等方式打开。选择阀的功能相当于一个常闭的二通阀。选择阀如图7-12所示。

（8）驱动气体管路单向阀：用来防止驱动气体的倒流和反冲。单元独立式气体灭火系统安装在低泄高封阀后面，组合分配式气体灭火系统安装在选择阀后面；组合分配式气体灭火系统中还需要设置驱动气体管路单向阀，用于分配控制灭火剂储瓶组的开启数量。

（9）灭火剂储瓶组架：用于固定灭火剂储瓶组，如图7-13所示。

（10）灭火剂储瓶：用于储存灭火剂，如图7-13所示。

（11）先导阀：在驱动气体的作用下可以开启灭火剂储瓶组的容器阀，如图7-14所示。

（12）灭火剂储瓶组容器阀：将灭火剂密封在储瓶中。七氟丙烷灭火系统和IG541灭火系统的容器阀带有压力表，用于检测灭火剂是否泄漏；二氧化碳灭火系统则采用称重机构检测灭火剂是否泄漏。先导阀及灭火剂储瓶组容器阀如图7-14所示。

图7-11　驱动气体储瓶

图7-12　选择阀

图7-13　灭火剂储瓶及灭火剂储瓶组架

（13）喷嘴：喷散、雾化灭火剂。喷嘴应当均匀分布，以保证防护区内的灭火剂分布均匀。设置在有粉尘场所的喷嘴，应增设不影响喷射效果的防尘罩。

（14）其他气体灭火装置：

高压软管：连接灭火剂储瓶组，灭火剂释放时有一定的缓冲作用，用于减缓释放灭火剂对管网系统的冲击力，如图7-15所示。

灭火剂管路单向阀：用于防止集流管中的灭火剂倒流，如图7-16所示。

集流管：将若干储瓶同时开启时施放的灭火剂汇集起来，通过分配管道输送至保护区。集流管上应当设有安全泄放装置，如安全阀等，以便管内超压时泄压，防止发生爆炸事故。

灭火剂输送管道：输送灭火剂。

信号反馈装置：感应管网压力，反馈指示喷放成功信号，如图7-17所示。

图7-14　先导阀及灭火剂储瓶组容器阀

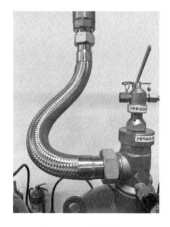
图7-15　高压软管

图7-16　灭火剂管路单向阀

图7-17　信号反馈装置

四、气瓶间的配置

各车站及沿线配套设施需要气体保护的房间附近均需要设置气瓶间,气瓶间需尽可能地靠近保护区。城市轨道交通用IG541气体灭火系统的管道为高压管道,应当尽可能不穿越公共区域,每个气瓶间控制不多于8个保护区,如保护区数量过多,则需要考虑增设气瓶间。

任务实施

完成技能实训7.1 组合分配式气体灭火系统结构认知。

课后自学

观看视频:有管网气体灭火系统、气体灭火的加压储存方式、悬挂式七氟丙烷灭火系统(电磁型)灭火演示(3D)、神秘的饱和蒸气压、怎样调整气体灭火压力表表盘方位、怎样检查钢瓶压力,完成下列问题。

1. 以小组为单位,拍摄视频,简述有管网气体灭火系统工作流程。
2. 自压式气体灭火系统有_____和_____两种系统。
3. 简述悬挂式七氟丙烷灭火系统(电磁型)动作流程。
4. 七氟丙烷为何可以用压力表检测泄漏?
5. 怎样检查钢瓶压力?

技能实训7.1 组合分配式气体灭火系统结构认知

◆ **技能实训任务实施**

任务名称	组合分配式气体灭火系统结构认知		任务编号	7.1
任务说明	一、任务要求 　　根据所学知识,并结合现场气体灭火系统设备(可根据实际情况确定需要认知的设备),认知组合分配式气体灭火系统(图7-18)的结构。  图7-18　组合分配式气体灭火系统 二、任务实施目的 　　通过对现场气体灭火系统设备的认知,加深对气体灭火系统组成、结构的认识,促进对气体灭火系统的原理、工作流程等的掌握,以利于气体灭火联动控制等知识的学习。			
任务实施	组合分配式气体灭火系统的结构认知引导问题			
	1. 围绕现场气体灭火系统实物,分组确认所学气体灭火系统的组成。在规定的时间内绕设备一周,说出各部分的组成及作用,并总结认知过程中未掌握的内容。说出名称多且正确的小组获胜。 2. 分组确定系统中启动气体管路与驱动气体管路的走向,明确二者间的关系。(可以将气体灭火系统分成驱动气体管路系统和灭火剂管路系统来认知。) 3. 驱动气体钢瓶上安装有哪些阀门?作用是什么?			

续上表

任务名称	组合分配式气体灭火系统结构认知		任务编号	7.1
任务实施	4. 实训室（或其他气体灭火设备现场）单向阀安装在哪些位置？为什么安装在这些位置？			
	5. 观察气体灭火系统的喷嘴形式与自动喷水灭火系统的有何不同。			
	6. 电磁型驱动装置有几种动作方式？			
	通过气体灭火系统现场认知，谈谈收获与反思。（字数不少于200字）			

◆ **技能实训任务考核**

班级：＿＿＿＿＿　姓名：＿＿＿＿＿　学号：＿＿＿＿＿　组别：＿＿＿＿＿

考核项目		分值	自评	考核要点
信息收集	信息收集情况	10		能正确运用所学知识，广泛利用网络等手段获取知识
任务实施	现场实物确认	20		能正确、全面地认知系统设备组成
	现场设备阀门等功能讲述	25		讲述语言流畅、清晰明确，设备流程表述正确
	分析报告	10		能完成字数要求，有明确的观点，分析报告表达清晰明确
	职业素养	15		遵章守纪、严谨认真、耐心细致
	团队参与度	15		主动参与团队工作，认真完成布置的任务
	创新意识	5		主动查阅国内外相关内容，提出有建设性的建议
小计		100		
其他考核				
考核人员		分值	评分	考核要点
（指导）教师评价		100		结合任务实施过程的综合表现进行评价
小组互评		100		结合自评表中的相关要求，给予中肯评价
总评		100		总评成绩 = 自评成绩×10% + 指导教师评价×75% + 小组评价×15%

单元7.2 气体灭火系统的形式与工作原理

 任务陈述

掌握气体灭火系统的形式及工作原理，熟悉气体灭火系统主要部件的设置要求，完成气体灭火控制器的基本认知操作。

知识准备

气体灭火控制器联动控制气体灭火设备，联动控制风机风阀、防火阀、通风空调、自动门窗等设备，并接收反馈信号。对于二氧化碳灭火系统，还可以接收失重报警信号，发出失重报警。

一、气体灭火控制器联动控制气体灭火系统的形式

气体灭火控制器放置在每个保护区的门外，对每个保护区进行独立控制。气体灭火控制器应具有监视保护区内烟感、温感探头的工作状态，火灾时及时送出信号给相应的保护区警铃、声光报警器等报警设施，关闭保护区的防火阀，启动钢瓶、电磁阀及相应保护区的选择阀，输出火灾信号给火灾报警系统，完成灭火判断、灭火及信号输出等功能。

（一）带火灾探测报警功能的气体灭火控制器

带火灾探测报警功能的气体灭火控制器可以接入火灾探测器和各类联动控制模块，具备火灾自动报警和气体灭火控制的功能，可以组成一个独立的系统。发生火灾时，气体灭火控制器接收火灾探测器或手动报警按钮的火警信号，发出联动控制指令，实现气体灭火控制功能。带火灾探测报警功能的气体灭火控制器联动关系图如图7-19所示。

图7-19 带火灾探测报警功能的气体灭火控制器联动关系图

（二）不带火灾探测报警功能的气体灭火控制器

不带火灾探测报警功能的气体灭火控制器只有单一的气体灭火控制功能，必须与火灾报警控制器配合使用。发生火灾时，火灾报警控制器接收火灾探测器或手动报警按钮的火警信号，向气体灭火控制器发出指令，再由气体灭火控制器联动控制相关部件，实现气体灭火功能。不带火灾探测报警功能的气体灭火控制器联动关系图如图7-20所示。

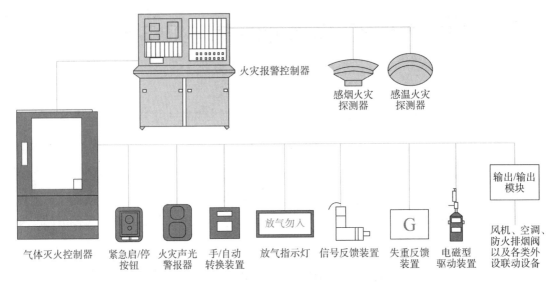

图 7-20　不带火灾探测报警功能的气体灭火控制器联动关系图

防护区应选用两种不同类型的火灾探测器，通常选用感烟火灾探测器和感温火灾探测器，特殊场所也可以采用其他类型的火灾探测器（如紫外火灾探测器、红外火灾探测器、感温电缆等）或手动报警按钮。各类探测器应按规范要求分别计算保护面积，交叉布置。系统收到两个独立的火灾信号（如烟感探测器、温感探测器），并通过一定的时间延时，经火灾报警控制器确认后，发出火灾声光报警信号，启动灭火。

二、气体灭火系统的工作原理

（一）系统处于自动状态

当气体灭火系统的防护区发生火灾后，火灾探测器将燃烧产生的烟、温、光等转变成电信号，气体灭火控制器接到火灾信号后，设备联动关闭防护区开口及通风系统等，同时向火灾报警系统提供火灾确认信号并进入延时状态。延时（0~30s 可调）后启动电磁驱动装置，打开气体灭火系统，将灭火剂施放到防护区内进行灭火。

（二）系统处于手动状态

人员接到火灾报警后，应先确认火灾情况。如确实需要使用气体灭火系统，人员可以直接启动手动启动按钮发出灭火指令，释放灭火剂；或直接按下防护区外的紧急启/停按钮，启动灭火系统实施灭火。在这两种启动方式均无效的情况下，可采用机械应急操作，启动灭火系统实施灭火。气体灭火系统工作原理图如图 7-21 所示。

三、气体灭火系统主要部件的设置要求

（一）火灾声光警报器

防护区内部应设置火灾声光警报器。气体灭火控制器收到第一个火警信号后，启动防护区内部的火灾声光警报器，警示人员撤离。防护区出口的外部也应设置火灾声光警报器，气

体灭火控制器收到第二个火警信号后，则火警确认，启动防护区外部的火灾声光警报器。

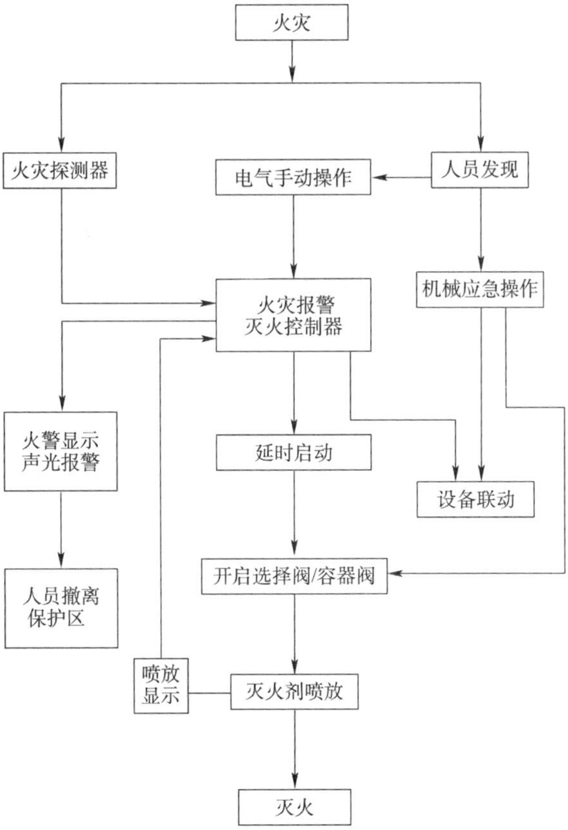

图 7-21　气体灭火系统工作原理图

（二）放气指示灯

防护区出口的上部应设置放气指示灯。气体灭火控制器接到信号反馈装置的反馈信号，启动放气指示灯（图 7-22），警告人员不得进入。

（三）气体灭火控制器

气体灭火控制器专门用于气体灭火控制系统，与外围设备一起，实现系统的自动探测、自动报警、自动灭火、手动喷放、手动/自动转换等功能。气体灭火控制器

图 7-22　放气指示灯

可以连接感烟、感温火灾探测器，紧急启/停按钮，手动/自动转换开关，气体喷洒指示灯，声光警报器等设备，并且提供驱动电磁阀的接口，用于启动气体灭火设备。气体灭火控制器如图 7-23 所示。

四、某实训室气体灭火系统的组成

（1）感烟火灾探测器、感温火灾探测器、喷头、室内声光报警器等，如图 7-24 所示。
（2）放气指示灯、室外声光报警器、报警主机、紧急启/停按钮、手动/自动转换开关等，如图 7-25 所示。

a) 气体灭火控制器外观　　b) 气体灭火控制器系统工作正常状态下的显示

图 7-23　气体灭火控制器

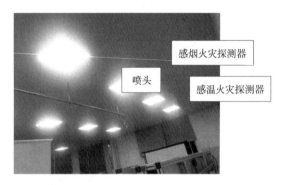 

图 7-24　某实训室气体灭火控制系统室内部分组成　　图 7-25　某实训室气体灭火控制系统室外部分组成

任务实施

完成技能实训 7.2 气体灭火控制器基本操作认知。

课后自学

观看视频：气体灭火防护区、储瓶间和泄压口要求，完成下列问题。

1. 采用气体灭火后，通信机房、计算机房等场所的通风换气次数应不少于每小时_____次。

2. 二氧化碳排风口距储存容器间地面高度不宜大于_____m。排出口应直接通向室外，正常排风量宜按换气次数不小于_____次/h 确定，事故排风量应按换气次数不小于_____次/h 确定。

单元7 气体灭火系统

技能实训7.2 气体灭火控制器基本操作认知

◆ 技能实训任务实施

任务名称	气体灭火控制器基本操作认知	任务编号	7.2
任务说明	一、任务要求 根据所学知识，结合实训室现场，完成气体灭火控制器基本操作认知。 二、任务实施目的 通过在现场操作气体灭火控制器，加深对气体灭火控制器组成、结构的了解，学习气灭控制器的基本操作方法，为完成气体灭火系统的操作做准备。气体灭火控制器面板如图7-23所示。 三、操作指引 1. 开机操作 （1）气体释放系统开机 图7-26为总开关及气体灭火系统上电状态。  图7-26　总开关及气体灭火系统上电状态 （2）气体灭火控制器主机开机 如图7-27所示，图中3个开关打到"1"时，系统为开启状态，打到"0"时为关闭状态。 （3）火灾报警主机开机 如图7-28所示，图中2个开关打到"1"时，系统为开启状态，打到"0"时为关闭状态。   图7-27　气体灭火控制器主机开关　　图7-28　火灾报警主机开关		

续上表

任务名称	气体灭火控制器基本操作认知	任务编号	7.2
任务实施	气体灭火控制器基本认知操作引导问题 1. 结合现场，分组确认所学气体灭火控制器的组成，并总结认知过程中未掌握的内容。在规定的时间内说出名称多且正确的小组获胜。 2. 拍照并简述正常工作状态时，气灭控制器面板及指示灯的显示情况。 3. 完成气体灭火控制器报警后气体灭火控制的消音，并简述按动消音按钮与声光启/停按钮后，系统变化有何不同。 4. 简述气体灭火控制器在延时、启动、故障时控制器面板及指示灯的显示情况。 5. 在规定的时间内，分组完成气体灭火控制器手动启动、停止操作，并简述注意事项。		

续上表

任务名称	气体灭火控制器基本操作认知		任务编号	7.2
任务实施	6. 观察气体灭火系统灭火的全过程中气体灭火控制器液晶显示器及指示灯变化，并简述其过程。			
	总结不同操作过程中气体灭火控制器的显示有何不同，并谈谈收获与反思。（字数不少于200字）			

◆ 技能实训任务考核

班级：_____ 姓名：_____ 学号：_____ 组别：_____

考核项目		分值	自评	考核要点
信息收集	信息收集情况	10		能正确运用所学知识，广泛利用网络等手段获取知识
任务实施	现场实物确认	15		能正确、全面地认知系统设备
	现场操作	30		能按照流程要求正确完成气灭控制器的相关操作
	分析报告	10		能完成字数要求，有明确的观点，分析报告表达清晰明确
	职业素养	10		遵章守纪、严谨认真、耐心细致
	团队参与度	10		主动参与团队工作，认真完成布置的任务
	创新意识	5		主动查阅国内外相关资料，提出有建设性的建议
小计		100		
其他考核				
考核人员		分值	评分	考核要点
（指导）教师评价		100		结合任务实施过程的综合表现进行评价
小组互评		100		结合自评表中的相关要求，给予中肯评价
总评		100		总评成绩 = 自评成绩 × 10% + 指导教师评价 × 75% + 小组评价 × 15%

单元 7.3　气体灭火系统的操作

熟悉气体灭火系统的工作流程与操作方法，完成单区域报警时气体灭火系统的基本操作。

IG541 气体灭火系统有自动控制、手动控制和机械应急操作三种启动方式，具体控制原理图如图 7-21 所示。

一、气体灭火系统的自动控制

气体灭火系统主机上有"自动"和"手动"转换功能（也可在防护区外单独设置转换开关），当将其置于"自动"位置时，灭火设备处于自动状态。

在气体灭火防护区内，一般布置感烟火灾探测器和感温火灾探测器，烟温复合报警联动控制是常用的控制方式。当某个探测器发出报警时，则启动防护区内的火灾声光警报器，通知火灾发生，但并不启动灭火设备。当另一个不同类型的火灾探测器发出报警时，则确认火警信息，启动防护区外面的火灾声光警报器，同时发出联动控制信号，自动启动灭火设备。

在喷放延时过程中如发现不需要启动灭火设备（如为误报警或仅使用灭火器即可灭火等情况），可按下防护区外的紧急停止按钮，终止灭火指令。接到两个独立信号后才启动气体灭火系统是因为迅速准确地探测火灾对保证系统可靠地工作至关重要，任何性能良好的探测器由于本身质量或环境条件的影响，在长期运行中不可避免地会产生误报，一旦误报甚至驱动系统释放灭火剂，不仅会造成灭火剂的损失，也会影响正常工作。气体灭火系统自动控制过程如图 7-29 所示。

二、气体灭火系统的手动控制

当手动/自动转换开关置于"手动"位置时，灭火设备处于手动状态。手动控制通过紧急启/停按钮控制完成。防护区出口必须安装紧急启/停按钮，如图 7-30 所示；气体灭火控制器的控制面板上也有紧急启/停按钮，如图 7-31 所示。按下紧急启动按钮以后，气体灭火控制器发出联动控制信号，发出灭火启动指令，启动灭火装置。无论气体灭火控制器处于自动状态还是手动状态，按下紧急启动或启动喷洒按钮，都可启动灭火设备。

在系统延时期间，既可以在车控室又可以在现场对气体灭火设备实施紧急停止。紧急启/停按钮具有最高优先级别。按下紧急启/停按钮，即可中止灭火流程。应当注意，灭火启动指令是不可逆的,紧急启/停按钮只在灭火启动指令发出以前有效。紧急启停按钮如图 7-31 所示。气体灭火控制器控制面板上的紧急启停按钮如图 7-32 所示。

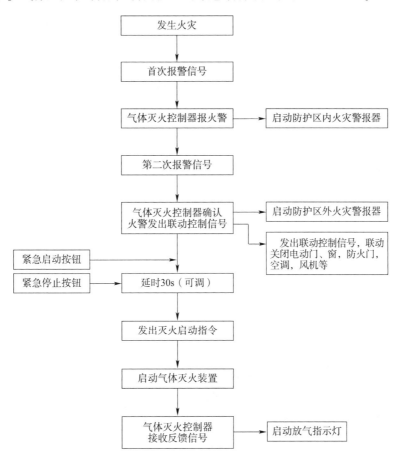

图 7-29 气体灭火系统自动控制过程

a) 紧急启/停按钮正常状态　　　　b) 紧急启/停按钮开盖后状态

图 7-30 紧急启/停按钮

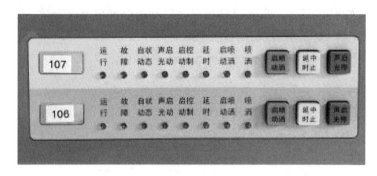

图 7-31　气体灭火控制器控制面板上的紧急启/停按钮

三、气体灭火系统的机械应急操作

当自动控制和手动控制启动均失效,并确认防护区人员都已撤离时,手动关闭联动设备并切断电源后,拽下对应防护区的驱动气体瓶组上电磁驱动装置的铅封,拉出保险销,按下电磁驱动装置上部的启动按钮,直接启动。电磁驱动装置如图 7-32 所示。

在没有气体驱动瓶组或电磁驱动装置手动失效的情况下,可以先手动打开选择阀,再手动打开灭火剂储瓶组的容器阀(拽下对应防护区的灭火剂储瓶组容器阀上部先导阀的铅封,拉出保险销,按下上部的启动手柄)启动灭火。选择阀如图 7-33 所示。

图 7-32　电磁驱动装置　　　　图 7-33　选择阀

图 7-34　手动/自动转换开关

四、气体灭火系统手动控制与自动控制的转换

气体灭火系统手动控制与自动控制的转换可以在气体灭火系统主机上实现。通常在城市轨道交通防护区的外部也设有手动控制与自动控制的转换装置,手动/自动转换开关如图 7-34 所示。当人员进入防护区时,应先将气体灭火系统转换为手动控制。安全起见,对于有人工作的防护区,建议始终采用手动控制方式;当人员离开时,应将系统恢复为自动控制方式。

任务实施

完成技能实训 7.3 单区域报警时气体灭火系统的基本操作。

课后自学

观看视频：有管网七氟丙烷灭火装置安装、调试、验收、投运，思考有管网七氟丙烷灭火系统的安装、调试、验收方法。

职业要求

一、职业意识

增强民族自尊心、自信心、自豪感。

二、引导问题

1. 每个人都是有自尊、有自信的，你认为一个国家、民族是否也需要保持自尊自信？民族自尊心、自信心、自豪感如何建立？

2. 你是如何理解"坚定理想信念，永葆家国情怀，将小我融入国家民族之大我，刻苦学习，练就本领，方能在不久的将来为国家富强、民族复兴添砖加瓦、增添光彩"这句话的？

三、引导案例

通过检索，查找 2022 年 10 月 2 日《人民日报》余建斌的《大飞机，飞出创新发展新高度》相关资料。

四、问题思考

什么是四个自信？你是如何理解的？你认为应当如何去做？

技能实训7.3 单区域报警时气体灭火系统的基本操作

◆ **技能实训任务实施**

任务名称	单区域报警时气体灭火系统的基本操作	任务编号	7.3
任务说明	一、任务要求 根据所学知识,结合现场气体灭火系统(可根据实际情况确定),并通过网上查阅等手段,完成气体灭火系统的操作。 二、任务实施目的 通过现场对气体灭火系统的操作,加深对气体灭火系统组成、结构的认识,促进对气体灭火系统的原理、操作流程的掌握。		
任务实施	气体灭火系统的系统基本操作引导问题 1. 根据实训室现场设备布置情况,手绘该实训室自动操作过程中系统操作流程图。 2. 在进入防护区前,应当将手动/自动转换装置打到"手动"位置吗?为什么? 3. 手动操作气体灭火系统时,有哪几种启动方式?在规定的时间内,分组完成手动启动操作。完成正确、规范的小组获胜。 4. 机械应急操作过程中,有哪几种操作方法?你认为哪几个步骤最重要?在规定的时间内,分组完成机械应急操作,用时最少且正确的小组获胜。		

续上表

任务名称	单区域报警时气体灭火系统的基本操作		任务编号	7.3
任务实施	5. 拓展知识：当两个不同种类的探测器均报警，保护区确有火情发生，但火势很小，可以用灭火器扑灭时，应如何进行处理？ 通过对气体灭火系统的自动、手动及机械应急启动操作，谈谈收获与反思。（字数不少于200字）			

◆ 技能实训任务考核

班级：_____ 姓名：_____ 学号：_____ 组别：_____

考核项目		分值	自评	考核要点
信息收集	信息收集情况	5		能正确运用所学知识，广泛利用网络等手段获取知识，基本掌握第7单元的相关知识
任务实施	完成流程图绘制及引导问题	20		能较准确地完成流程图绘制及正确回答引导问题
	完成手动操作	20		能在规定时间内正确、全面地操作系统设备
	完成机械应急操作	15		能在规定时间内正确、全面地操作系统设备
	分析报告	10		能完成字数要求，有明确的观点，分析报告表达清晰明确
	职业素养	10		遵章守纪、严谨认真、耐心细致
	团队参与度	15		主动参与团队工作，认真完成布置的任务
	拓展知识	5		经过思考及翻阅资料等，较完整地解决拓展问题
小计		100		
其他考核				
考核人员		分值	评分	考核要点
（指导）教师评价		100		结合任务实施过程的综合表现进行评价
小组互评		100		结合自评表中的相关要求，给予中肯评价
总评		100		总评成绩 = 自评成绩×10% + 指导教师评价×75% + 小组评价×15%

单元 8

灭火器及其他消防设备

单元概述

灭火器是一种可携带的灭火工具，它由筒体、器头和喷嘴等部件组成，借助驱动压力可将所充装的灭火剂喷出，达到灭火目的。灭火器的结构简单、灭火速度快、操作方便、实用性强，是扑救各类初期火灾的重要消防器材。本单元重点讲述了灭火器的分类及组成、设置要求，灭火器的使用操作方法及注意事项，灭火器的检查维修与报废要求。

学习目标

目标要求	知识目标	1. 熟悉灭火器的分类及组成。 2. 掌握灭火器的设置要求、使用操作方法及注意事项。 3. 熟悉灭火器的检查维修与报废要求。 4. 了解城市轨道交通其他消防设备的适用范围、作用等。
	能力目标	1. 通过搜集、阅读资料，提高对文字、视频等资料的处理能力。 2. 通过访问相关网站等获取所需信息，并通过对资料的加工及语言表达，培养处理信息及论文写作的能力。 3. 通过灭火器现场认知与操作，能根据现场情况正确选取灭火器，正确使用灭火器。
	素质目标	1. 通过对信息的学习、处理及规范操作设备设施等养成主动学习的习惯。 2. 通过灭火器现场认知与操作，培养严谨认真的工作作风，提高学习积极性。 3. 通过本单元引导案例的学习，培养自主创新、追求卓越的精神。

单元8 灭火器及其他消防设备

单元8.1 灭火器

熟悉灭火器的分类及组成，掌握灭火器的设置要求、注意事项，熟悉灭火器的检查维修与报废要求，完成灭火器的使用操作。

一、灭火器的分类及设置

（一）灭火器的分类

1. 按灭火器的移动方式分类

灭火器的种类较多，按移动方式可分为手提式灭火器、推车式灭火器、悬挂式灭火器、手投式灭火弹、背负式灭火器以及简易式灭火器等。

（1）手提式灭火器

手提式灭火器是指能在其内部压力作用下，将所装的灭火剂喷出以扑救火灾，并可以手提移动的灭火器具，主要配置在室内场所。

手提式灭火器按驱动灭火器的压力形式可分为储压式灭火器和储气瓶式灭火器。储压式灭火器灭火剂是由储存于灭火器同一容器内的压缩气体或灭火剂蒸气压力驱动的灭火器。储压式灭火器如图8-1所示。储气瓶式灭火器是由灭火器的储存气瓶释放的压缩气体或液化气体的压力驱动的灭火器。储气瓶式灭火器如图8-2所示。

图8-1 储压式灭火器

图8-2 储气瓶式灭火器

（2）推车式灭火器

推车式灭火器是指配有车架和轮子，可由一人或两人推（或拉）至火场，并能在其内

153

部压力作用下将灭火剂喷出,以扑救火灾的灭火器具,主要配置在室外或大空间场所。推车式灭火器如图 8-3 所示。

(3) 悬挂式灭火器

悬挂式灭火器在喷头的喷嘴处装有感温玻璃球(如 68℃),发生火灾时,环境温度升高,玻璃球内的液体受热膨胀后爆裂,灭火器内的灭火剂自喷嘴喷出灭火。悬挂式灭火器如图 8-4 所示。

图 8-3　推车式灭火器　　　　图 8-4　悬挂式灭火器

(4) 手投式灭火器

手投式灭火器主要采用超细干粉灭火,由于充装的灭火剂粒径小,流动性好,有良好的抗复燃性、弥散性和电绝缘性,既能应用于相对封闭空间的全淹没灭火,也可用于开放场所的局部保护灭火。手投式灭火器具有携带安全方便、灭火效率高、灭火速度快等优点,因而被消防救援人员广泛使用,多用于山林、森林和草原等火灾场所。手投式灭火器如图 8-5 所示。手投式灭火器的弹体外壳由纸质制成,有貌似手榴弹形状的,也有罐头瓶形状的。火灾发生时,灭火人员握住灭火器体,撕破保险纸封,勾住拉环,用力投向火场,可在短时间内使初起火灾得到控制。

(5) 背负式灭火器

背负式灭火器是一种单相流的细水雾灭火装备,它采用高压气体驱动,使灭火剂以较大的动能从细水雾枪口高速喷出,以直流或细水雾的形式射向着火区域,可扑救固体、液体物质的初起火灾。背负式灭火器如图 8-6 所示。

图 8-5　手投式灭火器　　　　图 8-6　背负式灭火器

(6) 简易式灭火器

简易式灭火器是不可重复充装使用的一次性储压式灭火器，主要适合家庭使用。灭火剂充装量小于 1L（或 1kg），可任意移动，可由一只手指开启。简易式灭火器如图 8-7 所示。

2. 按灭火器充装灭火剂的类型分类

灭火器按所充装的灭火剂类型不同，可分为水基型灭火器、干粉灭火器和气体灭火器等。

(1) 水基型灭火器

水基型灭火器是指其内部充入的灭火剂是以水为基础的物质的灭火器。该灭火器的灭火剂一般由水、氟碳表面活性剂、碳氢表面活性剂、阻燃剂、稳定剂等多组分组合而成，以氮气（或二氧化碳）为驱动气体，是一种高效的灭火剂。常用的水基型灭火器有清水灭火器、水基型泡沫灭火器和水基型水雾灭火器等。

通常情况下，水基型灭火器可扑灭 A、B、F 类火灾，也有的水基型灭火器可以扑灭 E 类火灾（除非灭火器上有扑灭 E 类火灾的标注，否则水基型灭火器不得用于扑救 E 类火灾）。水基型灭火器不能用于扑灭 C 类火灾，禁止扑救 D 类火灾。在实际使用中，灭火器可以扑灭的火灾种类应以灭火器上的标识为准。

图 8-7 简易式灭火器

(2) 干粉灭火器

干粉灭火器是应用广泛的灭火器，以氮气作为驱动动力，将筒内的干粉灭火剂喷出灭火。干粉型灭火器包括 BC 干粉灭火器即碳酸氢钠干粉灭火器，ABC 干粉灭火器即磷酸铵盐干粉灭火器，也有为 D 类火灾特别配制的干粉灭火器。

通常情况下，ABC 干粉灭火器可以扑救 A、B、C、E、F 类火灾，BC 干粉灭火器可以扑救 B、C、E、F 类火灾。在实际使用中，灭火器可以扑灭的火灾种类应以灭火器上的标识为准。

(3) 气体灭火器

气体灭火器主要有二氧化碳灭火器和洁净气体灭火器。这类气体灭火器不导电、流动性好、喷射率高，具有灭火后不留污渍、不易变质等性能，用来扑灭存放图书、档案、贵重设备、精密仪器等物品，洁净度要求高的场所。

二氧化碳灭火器的主要灭火机理是窒息和冷却。喷出的二氧化碳释放到灭火空间时，迅速汽化，稀释了燃烧区域的空气，当空气中氧气的含量低于维持物质燃烧时所需的最低氧气浓度时，物质就不会继续燃烧从而熄灭；同时当二氧化碳喷出时，液体迅速膨胀为气体，从周围环境中吸收大量的热量，产生冷却效果，从而达到灭火的效果。二氧化碳灭火器通常适用于 B、C、E 类火灾。二氧化碳具有强烈的窒息作用，因此不宜应用在相对封闭的小空间。

洁净气体灭火器内部充装六氟丙烷、三氟甲烷等灭火剂，利用气压将灭火剂喷出实施灭火。其主要灭火机理是化学抑制，灭火速度快，通常适用于 A、B、C、E 类火灾。在实际使用中，灭火器可以扑灭的火灾种类应以灭火器上的标识为准。

（二）灭火器的设置

为保障灭火器的安装配置质量和安全正常使用，保证使用时取拿方便，及时有效地扑灭建筑场所的初起火灾，尽量减少火灾危害，《建筑灭火器配置验收及检查规范》（GB 50444—2008）对配置的灭火器提出了安装设置的要求。灭火器的安装设置应包括灭火器、灭火器箱、挂架、挂钩和发光指示标志等。灭火器应按灭火器配置设计图设置就位，灭火器应当稳固安装在便于取用且不影响人员安全疏散的位置，铭牌朝外，灭火器器头向上。

1. 灭火器的安装组成

1）灭火器箱

灭火器箱是专门用于长期固定存放手提式灭火器的箱体，按放置形式可分为嵌墙型和置地型两种，按开启方式可分为开门式和翻盖式，按结构类型可分为单体类和组合类，按可观察性可分为透明型、半透明型和不透明型。

（1）嵌墙型灭火器箱

嵌墙型灭火器箱的结构类型有单体类和组合类。图 8-8 为透明开门式嵌墙型组合类灭火器箱。

（2）置地型灭火器箱

置地型灭火器箱的结构类型有单体类和组合类，其开启方式有翻盖式和开门式。不透明翻盖式置地型单体类灭火器箱如图 8-9 所示。灭火器箱不得被遮挡、上锁或者拴系，灭火器箱门的开启应当方便灵活，开启后不得阻挡人员的安全疏散。

图 8-8 透明开门式嵌墙型组合类灭火器箱　　图 8-9 不透明翻盖式置地型单体类灭火器箱

2）灭火器挂架、挂钩

悬挂安装灭火器的形式有挂架和挂钩等，灭火器挂架如图 8-10 所示，灭火器挂钩如图 8-11 所示。挂架、挂钩安装后，应能保证用徒手的方式即可便捷地取用设置在挂架、挂钩上的手提式灭火器。2 具及 2 具以上手提式灭火器相邻设置在挂架、挂钩上时，可以任取其中1具；设有夹持带的挂架、挂钩，夹持带的开启方式可以从正面看到。当夹持带打开时，灭火器不得坠落。

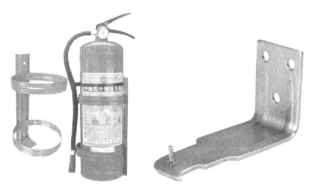

图8-10　灭火器挂架　　　图8-11　灭火器挂钩

2. 灭火器的设置要求

（1）灭火器应按灭火器配置设计图设置要求就位。

（2）灭火器应设置在明显、便于取用的地点，且不得影响安全疏散；对有视线障碍的灭火器，应设置发光标志；灭火器的摆放应稳固，其铭牌标识应朝外；灭火器不得设置在超出其使用温度范围的地点。

（3）灭火器通常沿着经常有人路过的建筑场所的出入口设置。灭火器的设置并不唯一，应根据建筑的实际情况合理设置，一般设置在建筑便于取用的靠墙部位，或者与室内消火栓共同设置成组合式箱体。

（4）推车式灭火器宜设置在平坦的场地，不得设置在台阶、坡道等地方，在无外力作用下不得自行滑动；当设置有防滑措施及防止自行滑动的固定措施时，应不影响其操作使用和正常移动。

城市轨道交通各车站的灭火器放置在站厅、站台、设备用房与管理用房的灭火器箱内，在列车车厢座椅下、驾驶室等处也应放置灭火器。发生火灾时，由工作人员及乘客就近取出灭火器，及时扑救各类初期火灾。

灭火器类型应根据城市轨道交通各配置场所的火灾类别和危险等级进行配置；如果用途变更，需重新进行规划设计。灭火器设置点应便于城市轨道交通工作人员对灭火器进行保养、维护及清洁卫生。灭火器的设置点应便于灭火器的稳固安放，设置点环境不得对灭火器产生不良影响。除区间外，地铁工程内应配置建筑灭火器。车站内的公共区、设备管理区、主变电所和其他有人值守的设备用房等设置的灭火器，应按国家标准《建筑灭火器配置设计规范》（GB 50140—2005）规定的严重危险级配置。

二、灭火器的操作

（一）手提式灭火器的操作使用方法及注意事项

1. 手提式干粉灭火器的操作使用方法及注意事项

手提式干粉灭火器使用时，应手提灭火器的提把迅速赶到火灾现场，在人可靠近的燃烧物区（如2~5m）将灭火器直立放稳。在室外使用时，应注意占据上风方向。使用手提式干粉灭火器前，应先将灭火器上下颠倒几次，使筒内干粉松动，然后拔掉保险销。如有喷射软管，则需要一只手住其喷嘴；如没有软管，可扶住灭火器的底圈，另一只手提起灭火器并用力按下压把，对准火焰根部扫射灭火。使用过程中，灭火器应始终保持竖直状态，避免因颠倒或横卧造成灭火剂无法正常喷射。随着灭火器喷射距离的缩短，操作者应逐渐向燃烧物靠近。手提式灭火器的操作要领可归纳为"一提、二拔、三握、四压、五瞄、六射"。

扑救固体可燃物火灾时，应对准燃烧最猛烈处上下、左右扫射。如条件允许，操作者可沿着燃烧物四周边走边喷，使干粉灭火剂均匀地喷在燃烧物的表面，直至将火焰全部扑灭。扑救电气火灾时，应先断电后灭火。在扑救可燃、易燃液体火灾时，应对准火焰根部扫射。如果被扑救的液体火灾流淌燃烧，应对准火焰根部由近而远扫射，并注意左右扫射，直至把火焰全部扑灭。在扑救容器内可燃液体火灾时，应注意不能将喷嘴直接对准液面喷射，防止射流的冲击力使可燃液体溅出而扩大火势，造成灭火困难。

2. 手提式清水灭火器的操作使用方法及注意事项

将手提式清水灭火器提起或肩扛迅速赶到火灾现场，在人可靠近的燃烧物区（如2~5m），将清水灭火器直立放稳（切忌将清水灭火器颠倒或横卧），然后拔掉保险销，一只手紧握喷射软管前的喷嘴并对准燃烧物根部，另一只手握住提把并用力压下压把，在气体压力的作用下清水从喷嘴中喷出。在室外使用时，应注意占据上风方向。随着灭火器喷射距离缩短，操作者应逐渐向燃烧物靠近。

3. 手提式泡沫灭火器的操作使用方法及注意事项

手提式泡沫灭火器使用时，手提筒体上部的提环或肩扛灭火器迅速赶到火灾现场，在人可靠近的燃烧物区（如2~5m），拔下保险销，一只手握住喷射软管前端的喷嘴，另一只手握住提把并用力压下压把，泡沫混合液在二氧化碳的压力作用下，从喷嘴喷出，与空气混合，产生泡沫，覆盖燃烧物灭火。在室外使用时，应注意占据上风方向。在扑救可燃液体火灾时，如燃烧已呈流淌状，则将泡沫由近而远喷射，使泡沫完全覆盖在燃烧液面上。使用泡沫灭火器的过程中不得过分倾斜，更不能横拿或颠倒使用，以免两种药剂混合，中断喷射。随着灭火器喷射距离缩短，操作者应逐渐向燃烧物靠近。

4. 手提式二氧化碳灭火器的操作使用方法及注意事项

使用手提式二氧化碳灭火器时，可手提或肩扛灭火器迅速赶到火灾现场，在人可靠近的燃烧物区（如2~5m），一只手扳转喷射弯管，如有喷射软管应握住喷筒根部的木手柄，另一只手握住提把并用力压下压把对准火源喷射。喷射过程中灭火器应保持直立状态，不可平放或颠倒使用。在室外使用时，应选择在上风方向操作。二氧化碳以液态存放在钢瓶内，使用时液体迅速汽化吸收大量的热量，使灭火器温度急剧下降，没有防护手套保护时，不要用手直接握住喷筒或金属筒，以防冻伤。

（二）推车式灭火器的操作使用方法及注意事项

以推车式泡沫灭火器为例，使用时一般由两人协同操作，先将灭火器推拉至火场，占据上风方向，在人可靠近的燃烧物区（如10m）做好喷射准备。一人拔掉保险销，迅速向上扳起手柄或旋转手轮到最大开度位置。另一人取下喷枪，展开喷射软管，注意喷射软管不能打折或打圈。一只手紧握喷枪，将喷嘴对准火焰根部，另一只手开启喷枪阀门灭火。灭火后松开压把喷射停止，关闭钢瓶。推车式灭火器的操作要领可归纳为"一推，二拔，三展，四开，五扣，六射"。

三、灭火器的检查维修与报废

为使灭火器始终保持完好、有效的状态，确保火灾发生时灭火器能有效发挥灭火作用，保证城市轨道交通乘客和工作人员的安全，使损失降到最低，应按照规定对灭火器进行日常检查和维护保养以及报废。

（一）灭火器的检查

1. 灭火器的配置检查

灭火器的配置应按《建筑灭火器配置验收及检查规范》（GB 50444—2008）的规定确定。灭火器应符合市场准入的规定，并应有出厂合格证和相关证书。在配置灭火器时，灭火器的类型应当与该场所的火灾种类匹配，在同一灭火器配置场所，适宜选用类型、操作方法相同的灭火器。当选用两种或两种以上灭火器类型时，应采用灭火剂相容的灭火器。一个计算单元（灭火器配置的计算区域）内配置的灭火器数量不得少于两具。

2. 灭火器的外观检查

灭火器的完好性检查：

（1）灭火器筒体无明显的损伤（磕伤、划伤）、缺陷、锈蚀、变形现象。

（2）灭火器的铭牌标识应完整、清晰，无残缺。关于灭火剂种类、充装压力、制造厂名、生产日期、维修日期等标识及操作说明齐全。

（3）铅封、销门等保险装置和封记无损坏或遗失。

（4）喷射软管完好，保持畅通、无明显龟裂、无变形，喷嘴完好、无变形、无开裂、无损伤。

（5）零部件齐全，并且无松动、脱落或损伤，灭火器压把、阀体等金属件没有严重损伤、变形、锈蚀等影响使用的缺陷。

3. 灭火器的有效性检查

灭火器应未开启、喷射过，灭火器的驱动气体压力应在工作压力范围内。储压式灭火器的压力指示器应指示在绿色范围内，表示压力正常；红色表示压力过低；黄色表示压力过高。灭火器的压力指示器如图8-12所示。

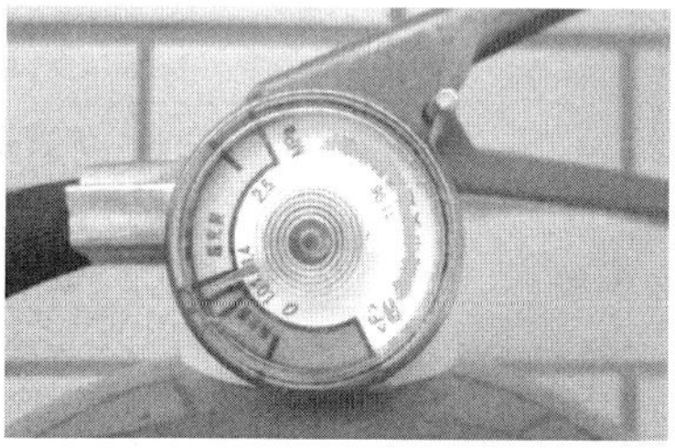

（二）灭火器的维修

灭火器应按《建筑灭火器配置验收及检查规范》（GB 50444—2008）的规定，对符合维修要求的灭火器进行维修。应注意每次送修的灭火器数量不得超过计算单元配置灭火器总数量的1/4；超出时，应选择相同类型和操作方法的灭火器替代，替代灭火器的灭火级别不应小于原

图8-12 灭火器的压力指示器

配置灭火器的灭火级别。维修后的灭火器均应按原设置点位置摆放。灭火器的维修应由灭火器生产企业或专业维修单位进行。

(三) 灭火器的报废

无论是使用过还是未经使用的灭火器，从生产日期（每具灭火器的筒体上都有生产日期）算起，不应超过规定的维修年限。灭火器自出厂时间起，达到或超过报废期限时应报废。

(1) 水基型灭火器报废年限为 6 年。

(2) 干粉灭火器、洁净气体灭火器报废年限为 10 年。

(3) 二氧化碳灭火器报废年限为 12 年。

水基型灭火器出厂期满 3 年，首次维修以后每满 1 年应送修；二氧化碳灭火器、干粉灭火器出厂期满 5 年，首次维修以后每满 2 年应送修。

灭火器已经使用，虽未达到规定期限，但外观检查发现有磕碰，焊缝外观不符合质量要求的，应进行水压试验。试验不合格的必须报废，不允许补焊。筒体严重变形、筒体严重锈蚀（漆皮大面积脱落，锈蚀面积大于等于筒体总面积的 1/3 者）或连接部位、筒底严重锈蚀的灭火器必须报废；没有生产厂名称和出厂年月（包括铭牌脱落，或虽有铭牌，但已看不清生产厂名称），或出厂年月钢印无法识别的灭火器必须报废；公安消防部门明令禁止销售和维修的灭火器必须报废；被火烧过的灭火器必须报废。

任务实施

完成技能实训 8.1 灭火器的认知、选择与基本操作。

课后自学

观看视频：家居消防系统火灾探测报警系统、家居消防系统可燃气体泄漏报警系统、家居消防系统自动喷水灭火系统、家居消防系统消防轻便水龙、家居消防系统灭火器、家居消防系统最佳消防安全解决方案，结合自己的家庭情况，思考如果需要进行消防改造，应当从哪些方面入手。

单元8　灭火器及其他消防设备

技能实训8.1　灭火器的认知、选择与基本操作

◆ **技能实训任务实施**

任务名称	灭火器的认知、选择与基本操作	任务编号	8.1
任务说明	一、任务实施目的 1. 通过对现场灭火器的认知，加深对灭火器组成、结构的认识。 2. 通过在现场操作灭火器，熟练操作不同类型的灭火器。 二、任务准备 1. 场景、灭火器、可燃物质等准备。 （1）布置"火场"。熟读《手提式灭火器 第1部分：性能和结构要求》（GB 4351.1—2005）等规范，同时根据规范要求有选择地准备一些常见燃烧物质，如纸张、木材、服装、塑料用品、电源插座、手机、汽油、食用油、油漆等物品。 （2）准备不同类型的手提式灭火器（如手提储压式水基型灭火器、手提储压式BC干粉灭火器、手提储压式ABC干粉灭火器、手提式洁净气体灭火器和手提式二氧化碳灭火器等）。 2. 任务实施场所可以是室内也可以是室外。 三、任务要求 根据所学知识，结合现场不同类型的灭火器（可根据实际情况确定种类）及布设的燃烧物，完成灭火器的认知、选择与操作。 1. 熟悉不同类型灭火器的铭牌内容，熟练识别灭火器适用火灾种类、灭火器生产日期、保修时间等，正确判断灭火器压力是否正常。 2. 通过模拟火灾现场，根据不同燃烧物，完成灭火器选择。 3. 模拟完成灭火操作，扑灭火灾。		
任务实施	灭火器的认知、选择与基本操作引导问题		
	1. 完成灭火器的认知、选择与基本操作。 （1）结合现场灭火器实物，熟读铭牌内容，识别灭火器适用火灾种类、灭火器生产日期、保修时间等，正确判断灭火器压力是否正常。 （2）教师挑选不同种类燃烧物、火灾场景等，学生根据要求选择可用的灭火器。 （3）口述已选燃烧物品火灾属于哪种火灾类型。 （4）点燃（或模拟点燃）该位置的可燃物品，完成扑救火灾操作。 2. 扑救固体火灾与扑救液体火灾时，操作要领有哪些不同？ 3. 汽油火灾可用何种类型的灭火器扑灭？		

续上表

任务名称	灭火器的认知、选择与基本操作	任务编号	8.1
任务实施	4. 带电电源插座着火如何进行灭火？ 5. 室内外不同场景下，灭火器操作要求有何不同？ 结合现场灭火器基本操作，谈谈收获与反思。（字数不少于200字）		

◆ 技能实训任务考核

班级：_____ 姓名：_____ 学号：_____ 组别：_____

考核项目		分值	自评	考核要点
信息收集	信息收集情况	10		能正确运用所学知识，广泛利用网络等手段获取知识
任务实施	作业前准备	20		1. 劳保及安全防护用品应穿戴齐全。 2. 严格注意事项要求，完成操作前相关设备、人员检查
	操作过程	35		严格操作流程；正确进行操作；作业完毕后，须做到三清——设备清，人员清，工具清
	操作记录	20		完成字数要求，对操作过程的反思认真、客观、准确，分析报告表达清晰
	职业素养	10		遵章守纪、严谨认真、耐心细致
	创新意识	5		主动查阅国内外相关先进知识，提出有建设性的建议
小计		100		
其他考核				
考核人员		分值	评分	考核要点
（指导）教师评价		100		结合任务实施过程的综合表现进行评价
小组互评		100		结合自评表中的相关要求，给予中肯评价
总评		100		总评成绩＝自评成绩×10%＋指导教师评价×75%＋小组评价×15%

单元 8.2　城市轨道交通其他消防设备

了解城市轨道交通其他消防设备的作用、分类、适用范围。

一、消防炮

消防炮是远距离扑救火灾的重要消防设备。消防炮能够将一定流量、压力的灭火剂（如水、泡沫混合液或干粉等），通过能量转换，将势能（压力能）转化为动能，使灭火剂高速从炮头喷出，形成射流，从而扑灭一定距离的火灾。消防炮一般用于车辆基地的高大空间库房的火灾扑救。消防炮的主要分类如下。

（一）按喷射介质的不同分类

消防炮按喷射介质的不同可分为消防水炮、消防泡沫炮、消防干粉炮。
（1）消防水炮喷射水灭火剂，适用于一般固体可燃物火灾场所。
（2）消防泡沫炮喷射泡沫灭火剂，适用于甲、乙、丙类液体火灾，固体可燃物火灾场所。
（3）消防干粉炮喷射干粉灭火剂，适用于液化石油气、天然气等可燃气体火灾场所。

（二）按安装方式的不同分类

消防炮按安装方式的不同可分为固定式消防炮和移动式消防炮。固定式消防炮是安装在固定支座上的消防炮，包括固定安装在消防车、船上的消防炮。城市轨道交通中车辆段等大空间场所可采用此种灭火设备。固定式消防炮如图 8-13 所示。移动式消防炮是安装在可移动支座上的消防炮，包括固定安装在拖车上的消防炮。移动式消防炮机动灵活，尤其适用于复杂和不能确定危险源位置的场所。移动式消防炮如图 8-14 所示。

图 8-13　固定式消防炮　　　　图 8-14　移动式消防炮

（三）按控制方式的不同分类

消防炮按控制方式的不同可分为手动消防炮、自动消防炮。
手动消防炮是由操作人员直接手动控制消防炮射流形态、回转及俯仰角度的消防炮。

这种消防炮具有结构简单、操作简便、投资少等优点,适用于辐射热不大、人员便于靠近的场所。手动消防炮如图 8-15 所示。

自动消防炮可分为远控消防炮、智能型消防炮。远控消防炮是指可以远距离控制消防炮,向保护对象喷射灭火剂灭火的消防炮。这种消防炮具有安全性高、操作简便和投资相对少等优点,适用于有爆炸危险性、产生强辐射热、灭火人员难以及时接近的场所;智能型消防炮是能够在无人工干预的情况下自动发现火灾并开展灭火作业的消防炮,适用于需要及时有效探测、扑灭及控制火灾的大空间场所。自动消防炮如图 8-16 所示。

图 8-15　手动消防炮　　　图 8-16　自动消防炮

二、路轨两用消防车

随着国内城市轨道交通的飞速发展和配套设施的进一步完善,城市轨道交通消防设施的需求也日益增加。路轨两用消防车主要有水罐消防车、泡沫消防车、干粉消防车、联用消防车等。从外观上看,这种消防车与普通的消防车没什么区别,关键区别在走形部位。当火灾发生时,这种消防车可直接开上轨道,车底的四个轨道轮开始启用,轮胎随车自动升起,钢轮可以自如地在轨道上行驶。路轨两用消防车如图 8-17 所示。

三、消防机器人

消防机器人是指具有人工遥控、半自主或自主控制功能,可以替代消防员从事特定消防作业的移动机器人,主要由移动载体、控制装置、自保护装置和机载设备等组成。消防机器人如图 8-18 所示。消防机器人属于特种机器人的范畴,具备爬坡、登梯及障碍物跨越,耐温和抗热辐射,防雨淋、防爆、防腐蚀、防干扰,遥控行走和自卫等功能。消防机器人可以代替消防员在恶劣环境中进行火场侦查、化学危险品探测、灭火、冷却、搬移物品、堵漏等作业,保障消防员安全,提升抢险救灾的能力。在科学技术日益发展的今天,消防机器人被应用在很多领域。

城市轨道交通地下空间相对封闭、结构复杂,火灾发生时高温不易散热,火场温度高、烟雾浓度大,消防机器人可以克服现场不利条件,从事相关救援工作,可有效提高城市轨道交通救援效能及救援人员安全性。消防机器人的主要功能有:

(1) 移动功能:操作人员可远距离控制消防机器人驶入火场。

(2) 消防功能:消防机器人接近火源,喷射灭火剂灭火,进行冷却、稀释、清洗、隔离等救援作业。

（3）探测功能：消防机器人可探测火场内有毒及可燃气体的种类、浓度及变化趋势，探测火场内辐射热、风速、风向等。

（4）救护功能：消防机器人可以呼唤火场内部可能的未撤离人员。

（5）观察功能：消防机器人可安装摄像机进行火场情况观察。

（6）通信功能：消防机器人具有图像、声音数据传输功能。

（7）预警功能：消防机器人可以预报紧急情况，并有相应的应急处理能力。

图8-17　路轨两用消防车　　　　图8-18　消防机器人

任务实施

联系轨道交通集团相关人员，通过远程视频讲解城市轨道交通的其他消防设备。

课后自学

科技进步日新月异，通过查阅资料，你发现还有哪些城市轨道交通消防设备？

职业要求

一、职业意识

自主创新、追求卓越。

二、引导问题

"中华民族的伟大复兴不是纸上得来的，需要我们共同努力"，你是如何理解这句话的？

三、引导案例

通过检索，查找曾任神舟飞船应用系统副总设计师、北斗三号卫星系统总设计师的林宝军的事迹。

四、问题思考

城市轨道交通消防系统的新设备、新装备层出不穷，作为年轻一代你认为应当为此做些什么？

单元 9

消防系统安全管理与自救

单元概述

为了做好城市轨道交通消防安全管理，运营单位应贯彻"预防为主、防消结合"的消防工作方针，落实"政府统一领导、部门依法监管、单位全面负责、公民积极参与"的消防工作原则，全面实行"党政同责、一岗双责"制度，落实消防安全责任制，依法接受政府统一领导和部门监管，保障城市轨道交通的安全运营。城市轨道交通客流量大，人员密集，一旦发生火灾，极易造成群死、群伤。当地政府、城市轨道交通公司应加大城市轨道交通火灾消防宣传力度，宣传火灾自救逃生手段、正确使用自救逃生器材；组织城市轨道交通车站工作人员、部分民众参加火灾消防演练，提高人民群众的城市轨道交通消防应对能力，有效保证乘客的生命安全。本单元重点讲述了消防安全组织结构及职责要求，日常消防管理规定，灭火和应急疏散预案及演练要求，以及轨道交通自救逃生器材的基本使用方法。

学习目标

目标要求	知识目标	1. 了解消防安全组织结构及职责要求。 2. 熟悉日常消防管理规定。 3. 熟悉灭火和应急疏散预案及演练要求。 4. 掌握轨道交通自救逃生器材的基本使用方法。
	能力目标	1. 通过搜集、阅读资料，提高对文字、视频等资料的处理能力。 2. 通过访问相关网站等获取所需信息，并通过对信息的加工及语言表达，提高处理信息及论文写作的能力。 3. 能正确佩戴过滤式消防自救呼吸器、防毒面具，正确使用灭火毯。
	素质目标	1. 通过过滤式消防自救呼吸器、防毒面具、灭火毯的使用操作，培养耐心细致的品质、严谨认真的工作作风，提高学习积极性。 2. 通过本单元引导案例的学习，感受使命感，勇于担负国家建设的重任。

单元9.1　消防安全管理制度

了解消防安全组织结构及职责要求，熟悉日常消防管理规定。

一、消防安全组织与职责

（一）消防安全组织

消防安全组织是指为了实现消防安全而设立的机构或部门，是单位内部消防管理的组织形式。城市轨道交通各运营单位应建立消防安全责任体系，制定消防安全管理制度，明确各级岗位消防安全职责，明确消防安全责任人和管理人；成立由消防安全委员会或消防工作领导小组、消防安全归口管理部门和专职或志愿消防队（微型消防站）等救援力量共同组成的消防安全组织。

（二）消防安全职责

1. 运营单位

（1）运营单位应明确各级、各岗位消防安全责任人及其职责，制定本单位的消防安全制度、消防安全操作规程、灭火和应急疏散预案，开展消防工作检查考核，保证各项规章制度的落实。

（2）明确承担消防安全管理工作的部门和消防安全管理人，组织实施消防安全管理。保证防火检查和巡查、消防设施及器材维护保养、建筑消防设施检测、电气防火检测、火灾隐患整改、专职或志愿消防队（微型消防站）建设等消防工作所需资金的投入，安全生产费用应保证适当比例用于消防工作。

（3）建立消防档案，确定消防安全重点部位，设置防火标志，实行严格管理。按照相关标准配备消防设施、器材，设置消防安全标志，定期检验维修，对建筑消防设施每年至少组织一次全面检测，确保完好有效。设有消防控制室的，实行24小时值班制度，每班不少于2人，并持证上岗。

（4）保障疏散通道、安全出口、消防车道畅通。安装、使用电气产品、燃气用具和敷设电气线路、管线应符合相关标准和用电、用气安全管理规定，并定期进行维护保养、检测。定期开展防火检查、巡查，及时消除火灾隐患。

（5）组织员工进行岗前消防安全培训，定期组织消防安全培训、灭火和应急疏散演练。根据需要建立专职或志愿消防队（微型消防站），加强队伍建设，定期组织训练演练，加强消防装备配备和灭火药剂的储备。

（6）建立与消防救援机构联勤联动机制，提高扑救初起火灾的能力。

2. 专职消防队

专职消防队应建立 24 小时执勤备战制度,有效完成本单位的火灾扑救和抢险救援任务。定期开展灭火救援技能训练,加强与辖区消防救援机构的联勤联动。根据单位安排,参加日常防火巡查和消防宣传教育工作,开展对微型消防站的业务训练指导。

3. 志愿消防队(微型消防站)

(1) 志愿消防队(微型消防站)应熟悉单位基本情况、灭火和应急疏散预案、消防安全重点部位、消防设施及器材等的设置情况。

(2) 参加培训及消防演练,熟悉消防设施及器材、安全疏散路线、场所火灾危险性、火灾蔓延途径,掌握消防设施及器材的操作使用方法与引导疏散技能。

(3) 定期开展灭火救援技能训练,加强与消防救援机构的联勤联动。参加日常防火巡查和消防宣传教育。

(4) 发生火灾时,参与扑救火灾、疏散人员、保护现场等工作。

二、消防设施管理

(一) 日常防火管理

运营单位应将容易发生火灾、一旦发生火灾可能严重危及人身财产安全以及对消防安全有重大影响的部位确定为消防安全重点部位,并设置明显的防火标志;每日组织开展防火巡查,定期开展防火检查和消防设施联动运行测试,并如实填写巡查和检查记录。

(1) 对巡查、检查中发现的可立即消除的火灾隐患,发现人应通知存在隐患的部门、岗位负责人立即采取措施消除。对巡查、检查中发现的不能立即消除的火灾隐患,发现人应立即报告主管部门,由主管部门研究确定隐患整改措施、制订隐患消除计划,并报消防安全归口管理部门备案,消防安全归口管理部门应协调并督促落实。

(2) 对确实无法消除的火灾隐患,消防安全责任人或消防安全管理人应决定存在火灾隐患的部门或岗位是否立即停止产生火灾隐患的生产经营行为。对应立即停止可能产生更大火灾隐患的生产经营行为,由消防安全管理人负责组织制订停止工作计划,并负责监督落实。在隐患未完全消除时,应采取有效的措施预防火灾发生。隐患消除后,消防安全管理人或消防安全归口管理部门应组织复查,确认火灾隐患消除。

(二) 消防设施管理

1. 消防设施的日常使用操作

(1) 运营单位应建立消防设施日常管理制度和操作规程,并明确有关部门和人员的岗位职责,消防设施监控操作人员应取得岗位资格证书。

(2) 对消防设施开展定期巡查,并应确定巡查的人员、部位、内容和频次,巡查应如实填写记录,并签名。

(3) 在巡查、检查中发现的消防设施及器材故障应及时修复。消防设施在大修、改造、更新时,运营单位应办理相关的手续。

2. 消防设施的维护保养和检测

（1）运营单位应建立消防设施及器材维护保养、检测的制度和规程。

（2）制定年度消防设施维护保养计划，确保建筑消防设施的完好有效。对不符合国家现行标准的消防设施，宜进行更新改造。

（3）自行或委托消防技术服务机构对其消防设施每年至少进行一次全面检测。检测时发现存在故障的消防设施，应及时维修。因故障维修需要暂停使用消防系统的，应有确保消防安全的有效措施，并经单位消防安全责任人批准实施。

（三）灭火和应急疏散预案与演练

运营单位应遵循"安全第一、快速反应、及时疏散、有效处置、减少损失、降低影响"的原则，编制灭火和应急疏散预案；配备火灾应急处置所需要的设备及物资，并应进行经常性维护保养，保证设备完好。发生火灾事故后，运营单位应按规定立即启动灭火和应急疏散预案，采取应急抢险措施，防止事态扩大，在确保安全的前提下尽快恢复运营，并按规定及时报告。

运营单位应根据有关法律法规和标准的变动情况、安全生产条件的变化情况以及灭火和应急疏散预案演练和应用过程中发现的问题，及时修订完善预案。运营单位应定期开展预案演练，专职或志愿消防队（微型消防站）应针对预案内的抢险救援任务开展技能、体能训练。

1. 灭火和应急疏散预案

1）预案编制内容

运营单位应根据不同火灾场景编制灭火和应急疏散预案，预案应包括消防档案中关于消防安全管理情况的记录，如防火巡查、检查记录，火灾隐患及其整改情况记录，消防设施检查、自动消防设施测试、维修保养记录等；除此之外，还应包括应急指挥机构的组成和职责、应急处置过程中各工作组的组织原则、信息报告流程、初起火灾的扑救程序和措施、火灾时的灭火救援策略和人员疏散方案、应急恢复措施。

2）信息报告

运营单位的信息报告应遵循"统一指挥、分级负责、信息共享、点面联动、实事求是、言简意赅、发布及时"的原则。

现场工作人员、各调度岗位向运营单位上级管理部门、上级行业主管部门报告信息应包括但不限于下列内容。

（1）发生区间、车站火灾时

火灾发生的概况、人员安全的影响和伤亡情况、运营组织的影响和行车调整情况、设施设备的影响和抢修方案、外部支援力量的情况、火灾扑救进展。

（2）发生列车火灾时

列车火灾发生的概况、列车位置或迫停区间具体位置、乘客区间疏散情况、人员安全的影响和伤亡情况、运营组织的影响和行车调整情况、设施设备的影响和抢修方案、外部支援力量的情况、火灾扑救进展。

（3）发生控制中心、车辆基地火灾时

火灾发生的概况、人员安全的影响和伤亡情况、运营组织的影响和行车调整情况、设施设备的影响和抢修方案、外部支援力量的情况、火灾扑救进展、工作人员撤离组织情况。

3）应急处置

（1）发生车站火灾时，应急处置应包括但不限于下列内容：

①各岗位报告现场情况。

②确认发生火灾后立即报警。

③根据控制中心命令实施行车调整方案。

④按照岗位职责启动灭火和应急疏散预案。

⑤车站通知、组织和引导乘客紧急疏散、抢救伤员。

⑥在车站出入口处设立警告标志，阻止人员进入车站。

⑦微型消防站队员带好灭火器具赶赴现场，做好现场初起火灾处置。

⑧外部支援力量到达现场后，派人引导至火灾现场，并移交指挥权，各岗位配合外部支援力量做好后续应急处置工作。

（2）当列车在区间发生火灾时，应尽可能将列车继续运行至就近车站。预案应按列车能继续运行或无法运行两种情况分别制定各岗位职责和工作流程，以及区间两端车站应急处置协同机制和措施。当发生区间隧道火灾时，应急处置应包括但不限于下列内容：

①各岗位报告现场情况。

②确认发生火灾后立即报警。

③控制中心调整后续列车的行车方案，防止后续列车进入事发区段。

④若列车已进入事发区段，须安排返回前发车站。

⑤按照岗位职责启动灭火和应急疏散预案。

⑥车站通知、组织和引导乘客紧急疏散、抢救伤员。

⑦在车站出入口处设立警告标志，阻止人员进入车站。

⑧外部支援力量到达现场后，派人引导至火灾现场，并移交指挥权，各岗位配合做好后续工作。

（3）发生控制中心、车辆基地火灾时，应急处置应包括但不限于下列内容：

①各岗位报告现场情况。

②确认发生火灾后立即报警。

③根据实际情况启动火灾联动工况并实施行车调整方案。

④按照岗位职责启动灭火和应急疏散预案。

⑤现场工作人员按现场实际情况紧急疏散、抢救伤员。

⑥在火灾区域各通道处设立警告标志，阻止人员进入火灾区域。

⑦微型消防站队员带好灭火器具赶赴现场，做好初起火灾处置。

⑧外部支援力量到达现场后，派人引导至火灾现场，并移交指挥权，各岗位配合外部支援力量做好后续应急处置工作。

4）应急恢复

火灾应急处置结束后，相关专业抢险抢修队伍应立即赶赴现场，核实确认现场设施设备损坏情况，制订抢修方案，开展抢修作业；调度指挥部门应配合做好运营恢复工作；运营单位应做好火灾原因分析、隐患及风险辨识，落实相应的防护措施，同时根据需要协助消防救援机构做好取证、资料收集、火灾善后处理工作，做好事件处置流程的评估、分析和总结工作，落实后续整改措施。

2. 灭火和应急疏散演练

运营单位应每年至少组织一次灭火和应急疏散演练，现场班组应每半年至少组织一次现场处置演练；根据演练计划统筹安排应急演练经费，做好人员、场地、物资器材的筹备保障和有关沟通协调工作，确保应急演练工作安全有序开展。参加灭火和应急疏散演练的人员，可安排运营单位的工作人员和身体健康的成年志愿者。演练中应注意对火源及烟气的控制，防止对演练人员造成伤害。

灭火和应急疏散演练应按职责分组实施。指挥人员承担在消防救援机构到达之前指挥灭火和应急疏散工作的职责，通信联络组承担报告火警、与相关部门联络、迎接消防车辆、传达指挥员命令的职责，疏散引导组承担维持火场秩序、引导乘客疏散、抢救重要物资的职责，灭火行动组承担按照预案要求及时到达现场扑救火灾的职责，安全防护救护组承担救护受伤人员、准备必要的医药用品的职责，其他必要的组织承担相应的职责。

演练时，应在车站入口处设置有"正在进行消防演练"字样的标志牌。演练结束后，应总结问题，做好记录，修订预案内容，解决演练中暴露出的问题。

运营单位应建立灭火和应急疏散演练评估工作机制，应包括演练准备、组织与实施的效果，演练主要经验，演练中发现的问题和意见建议等。对演练中发现的应急处置机制、作业标准、操作规程和管理规定等方面的缺陷，应及时修订完善预案和制度。

（四）安全疏散

城市轨道交通火灾的特点是极易形成浓烟和热气流，并产生大量有毒气体。烟气的遮光性和毒害性对人员疏散十分不利。浓烟使疏散指示标志明亮度减弱，甚至失去指示功效。因此，在城市轨道交通火灾中采用科学的送排风方式，掌握灵活、科学的逃生方式就显得尤为重要。

1. 列车火灾疏散

（1）列车发生火灾，司机首先要向控制中心和下一站调度员报告火灾情况。如果这时火灾不影响列车行驶，司机一方面指挥乘客使用消防器材自救，安抚并将乘客转移到非着火车厢，关闭与着火车厢连接的门；另一方面使列车继续驶向前方，到达车站，利用车站疏散预案疏散乘客。

（2）当列车受到损伤，无法继续行进，必须停在区间时，首先切断相关区间的三轨供电系统。由控制中心下达疏散乘客的指令，引导乘客通过列车头部或尾部疏散；同时控制中心根据列车所在区间位置和乘客撤离方向，确定隧道排烟系统火灾运行模式，即迎着乘客疏散方向送新风，背着乘客疏散方向排烟。

2. 车站火灾疏散

1) 车站公共区火灾疏散

车站公共区火灾可分为站台火灾和站厅火灾。发生火灾时，都应立即采取紧急措施，阻止无关人员进入车站，开启站厅所有疏散门，将闸机设置为自由释放状态，迅速将乘客安全疏散到地面。其工作程序如下：

（1）车站行车服务员、机电值班员、客运服务员、站台服务员或其他人员发现火灾，立即向车站控制中心报告，并积极扑救初期火灾。

（2）值班站长、行车服务员报告控制中心，要求本站推迟列车运营。

（3）值班站长宣布车站执行火灾紧急疏散预案。

（4）值班站长、机电值班员指示车站执行站台、站厅排烟工况。

（5）机电值班员关闭站台、站厅无关电源。

（6）值班站长指挥人员疏散和灭火，并向控制中心报告火灾情况。

（7）客运服务员、站厅服务员或其他人员打开站厅内的疏散门。

（8）行车服务员设置闸机为自由释放状态。

（9）行车服务员、客运服务员、站台服务员、站厅服务员、售票员以及其他人员指引乘客疏散出站。

（10）客运服务员、站台服务员、站厅服务员、售票员以及其他人员停止售票，拦截乘客进站。

（11）站台服务员、站厅服务员或其他人员按分工引导消防员到达火灾现场。

2) 设备与管理用房火灾疏散

设备与管理用房发生火灾时，车站工作人员应立即通知站台候车人员、站厅人员和设备与管理用房区域工作人员，通过站台楼梯、车站出入口和设备与管理用房安全出口迅速向地面疏散。值班站长、行车服务员、机电值班员、客运服务员、站台服务员、站厅服务员、售票员及其他工作人员按照疏散预案明确职责，迅速开展工作。

设备与管理用房发生火灾要同站台、站厅发生火灾一样，必须高度重视，严格执行站台、站厅发生火灾人员疏散的程序，确保人员安全。

（五）应急物资

运营单位应在车站、车辆基地等处设置用于通信、灭火、疏散、破拆、防护及救护等的应急物资，并保持其完好。运营单位工作人员应熟练使用和操作灭火救援工具。

（六）消防宣传教育培训

运营单位应积极开展消防公益宣传，通过电子媒介、平面媒体等形式，向乘客宣传防火措施、消防器材的使用方法和避难、逃生方式等消防安全知识。运营单位应根据季节特点，利用重大活动等特殊时期开展有针对性的消防宣传教育活动。新入职和调岗员工上岗前应接受消防安全教育、培训。运营单位每半年应至少组织开展一次在岗人员消防安全培训，消防安全教育培训应纳入职工的继续教育学时。

运营单位每年应至少组织一次消防安全负责人、消防安全管理人、专（兼）职消防管理人员消防安全法律法规培训。运营单位每年应至少组织一次从事电焊、气焊等火灾危险作业的员工接受消防安全法律法规、操作规程的专项培训,每年应至少组织一次专职或志愿消防队(微型消防站)队员接受消防设施及器材的操作训练。

(七)消防档案

运营单位应建立、健全消防档案及保管制度。消防档案应包括消防安全基本情况和消防安全管理情况。消防档案应内容翔实、记录准确,并附有必要的图表;不应漏填、涂改,并应根据情况变化及时更新,统一保管、备查。在落实消防档案管理制度时,应落实人员、经费、场所、设施,积极采用先进的档案管理技术,按需组织检查、鉴定、销毁档案。运营单位应将各类日常消防记录留档备查,消防安全重点部位应设置独立消防档案,实行严格管理。

流动保管的巡查记录等档案存档时间应不少于 3 年,交接班时应有交接手续,不应缺页。重要的技术资料、图纸、审核手续、法律文书等应按建设工程资料存档规定保存。

任务实施

学习第 9 单元的相关内容,查阅城市轨道交通消防安全管理书籍、文献等,结合 2017 年 2 月 10 日香港金钟地铁站火灾快速响应事件的启示,谈谈你认为消防安全管理应注意哪些问题,以小组为单位完成调查报告。

单元 9.2 自救逃生器材

任务陈述

熟悉灭火和应急疏散预案及演练要求,掌握城市轨道交通自救逃生器材的基本使用方法,完成过滤式消防自救呼吸器、防毒面具、灭火毯的基本操作。

知识准备

一、过滤式消防自救呼吸器

过滤式消防自救呼吸器是一种通过过滤装置吸附、吸收、催化及直接过滤等方法去除一氧化碳、烟雾等有害气体,供人员在发生火灾时逃生使用的呼吸器材。

过滤式消防自救呼吸器的使用方法如下:

(1) 发生火灾时,立即沿包装盒开启标志方向打开盒盖,撕开包装袋取出过滤式消防自救呼吸器,如图 9-1 所示。

(2) 沿系在包装盒中的带绳拔掉滤毒罐前孔和后孔的两个红色橡胶塞。

图 9-1 消防过滤式自救呼吸器

（3）将呼吸器套到头上，戴面具时应暂停呼吸，握住面罩两侧将面罩撑开，两手均匀用力自下而上将面具戴在头上，同时调整罩体使其与面部紧密贴合，拉紧头带，滤毒罐应置于鼻子的前面，迅速逃离火场。

消防过滤式自救呼吸器过滤剂的使用时间一般为15～30min，当面具内有特殊气味时，表示过滤剂失去过滤作用，应及时更换。严禁在毒区摘掉面罩。有长头发的女士在使用消防过滤式自救呼吸器时应注意先把头发全部盘进面具头罩内，以防毒气从头发和脖子的间隙处钻入消防过滤式自救呼吸器，造成中毒。

消防过滤式自救呼吸器使用有效期一般是自生产日期起3年，具体有效期以产品说明书为准。

二、灭火毯

灭火毯采用玻璃纤维和碳纤维等材料经特殊工艺处理后加工而成，具有难燃、耐高温、遇火不延燃、耐腐蚀、抗虫蛀的特性，能很好地阻止燃烧或隔离燃烧，可有效减少火灾隐患，增加逃生机会，减少人员伤亡。灭火毯如图9-2所示。

（1）火场逃生：将灭火毯披裹在身上并戴上消防过滤式自救呼吸器，迅速逃离火场。灭火毯可隔绝火焰、降低火场高温。

（2）初期灭火：在起火初期，将灭火毯直接覆盖在火源或着火的物体上，可在短时间内扑灭着火源的火。

（3）工业安全：在炼钢厂、电弧焊加工厂、锅炉房及化学实验室等有火花、易引起火灾的场合，灭火毯能够抵挡火花飞溅、熔渣、烧焊飞溅物等，起到隔离工作场所、分隔工作层、杜绝焊接工作中可能引起的火灾危险的作用。

三、防毒面具

（一）防毒面具的作用

防毒面具是一种带有过滤式大视野面屏、双层橡胶边缘的个人呼吸道防护器材，能有效保护佩戴人员的面部、眼睛和呼吸器官免受毒剂、生物制剂和放射性尘埃等有毒、有害物质的伤害。防毒面具如图9-3所示。

图9-2 灭火毯

图9-3 防毒面具

(二) 防毒面具的佩戴方法

使用防毒面具时,应由下巴处向上佩戴,再适当调整头带。戴好面具后应进行气密性测试,如无漏气现象,则表明面具已经佩戴完成。气密性测试可以是负压气密性测试,也可以是正压气密性测试。

负压气密性测试的操作方法为:用手掌盖住防毒面具滤毒盒表面,轻轻吸气,面具应有轻微的塌陷,并向脸部靠拢;如感觉气体从面部或防毒面具间隙漏进,应重新调整防毒面具位置和头带的松紧度,直至到气密性良好。注意不要拉得太紧。

完成技能实训 9.1 过滤式消防自救呼吸器、防毒面具、灭火毯的基本使用操作。

职业要求

一、职业意识

了解中国标准,践行使命担当。

二、引导问题

1. 谈谈你认为从一百多年前华人劳工修建美国铁路,到现在我国的高铁技术、装备及标准等输出,中间经历了怎样的过程。

2. 作为年轻人,你认为年轻一代的使命担当是什么?

三、引导案例

通过检索,查找 2021 年 6 月 11 日刘琪琪发表在大众网的一篇文章——《中国高铁在"一带一路"中走向世界》。

四、问题思考

我们的国家从百年屈辱到民族复兴一路走来是如何实现的?谈谈你的理解。

技能实训9.1　过滤式消防自救呼吸器、防毒面具、灭火毯的基本使用操作

◆ 技能实训任务实施

任务名称	过滤式消防自救呼吸器、防毒面具、灭火毯的基本使用操作	任务编号	9.1
任务说明	一、任务要求 　　根据所学及所给过滤消防自救呼吸器、防毒面具、灭火毯，通过网上查阅等手段，完成过滤消防自救呼吸器、防毒面具、灭火毯的使用操作。 二、任务实施目的 　　通过实际操作过滤式消防自救呼吸器、防毒面具、灭火毯，能熟练掌握过滤消防自救呼吸器、防毒面具、灭火毯的使用操作要领，达到火灾发生现场有条不紊正确操作的目的，以便于自救及组织现场救援。			
任务实施	过滤式消防自救呼吸器、防毒面具、灭火毯的基本使用操作引导问题 1. 过滤消防自救呼吸器与防毒面具适用场合有何不同？ 2. 如何判断过滤式消防自救呼吸器已经佩戴好？ 3. 发生火灾时，过滤式消防自救呼吸器的佩戴有先后顺序，你认为顺序是否可以调换？为什么？ 4. 遇到初期火灾，灭火毯如何使用？使用过程中你的经验教训有哪些？ 5. 作为现场工作人员，如何应对初始火灾？ 6. 通过佩戴过滤式消防自救呼吸器，你感觉多久有异味？此时是否可以认为过滤式消防自救呼吸器失效？			

续上表

任务名称		过滤式消防自救呼吸器、防毒面具、灭火毯的基本使用操作	任务编号	9.1
任务实施		7. 防毒面具佩戴要领有哪些？		
		8. 检测防毒面具佩戴好的标准是什么？		
		通过过滤式消防自救呼吸器、防毒面具的佩戴、灭火毯的使用，谈谈过程中你有何体会。（字数不少于100字）		

◆ 技能实训任务考核

班级：_____　姓名：_____　学号：_____　组别：_____

考核项目		分值	自评	考核要点
信息收集	信息收集情况	10		能正确运用所学，广泛利用网络等手段获取知识
任务实施	操作过程	40		严格操作流程；正确进行操作；作业完毕后，须做到三清——设备清，人员清，工具清
	操作记录	20		完成字数要求，对操作过程的反思认真、客观、准确，分析报告表达清晰
	职业素养	15		遵章守纪、严谨认真、耐心细致
	团队参与度	15		主动参与团队工作，认真完成布置的任务
小计		100		
其他考核				
考核人员		分值	评分	考核要点
（指导）教师评价		100		结合任务实施过程的综合表现进行评价
小组互评		100		结合自评表中的相关要求，给予中肯评价
总评		100		总评成绩 = 自评成绩 ×10% + 指导教师评价 ×75% + 小组评价 ×15%

参 考 文 献

[1] 上海申通地铁集团有限公司轨道交通培训中心．城市轨道交通车站消防系统［M］．北京：中国铁道出版社，2012.

[2] 住房和城乡建设部．火灾自动报警系统设计规范：GB 50116—2013［S］．北京：中国计划出版社，2014.

[3] 住房和城乡建设部．消防给水及消火栓系统技术规范：GB 50974—2014［S］．北京：中国计划出版社，2014.

[4] 国家质量监督检验检疫总局，国家标准化管理委员会．消防水泵接合器：GB 3446—2013［S］．北京：中国标准出版社，2014.

[5] 国家市场监督管理总局，国家标准化管理委员会．消火栓箱：GB/T 14561—2019［S］．北京：中国标准出版社，2019.

[6] 国家市场监督管理总局，国家标准化管理委员会．室内消火栓：GB 3445—2018［S］．北京：中国标准出版社，2018.

[7] 应急管理部．轻便消防水龙：XF 180—2016［S］．北京：应急管理出版社，2016.

[8] 国家质量监督检验检疫总局，国家标准化管理委员会．室外消火栓：GB 4452—2011［S］．北京：中国标准出版社，2012.

[9] 国家质量监督检验检疫总局，国家标准化管理委员会．防火门：GB 12955—2008［S］．北京：中国标准出版社，2009.

[10] 住房和城乡建设部．地铁设计规范：GB 50157—2013［S］．北京：中国建筑工业出版社，2014.

[11] 住房和城乡建设部．地铁设计防火标准：GB 51298—2018［S］．北京：中国计划出版社，2018.

[12] 刘万臣，于福海．消防安全培训必读：上·防火部分［M］．石家庄：河北科学技术出版社，1995.

[13] 杨金铎，杨洪波．全国一级注册建筑师建筑构造备考指南［M］．北京：中国建材工业出版社，2013.

[14] 任泽春．地铁火灾消防［M］．北京：中国建筑工业出版社，2011.

[15] 陆亚俊．暖通空调［M］．3版．北京：中国建筑工业出版社，2015.

[16] 住房和城乡建设部．建筑设计防火规范（2018年版）：GB 50016—2014［S］．2版．北京：中国计划出版社，2018.

[17] 住房和城乡建设部．汽车库、修车库、停车场设计防火规范：GB 50067—2014［S］．北京：中国计划出版社，2015.

[18] 施仲衡. 地下铁道设计与施工 [M]. 2版. 西安：陕西科学技术出版社，2006.

[19] 国家市场监督管理总局，国家标准化管理委员会. 自动喷水灭火系统 第1部分：洒水喷头：GB 5135.1—2019 [S]. 北京：中国标准出版社，2019.

[20] 住房和城乡建设部. 自动喷水灭火系统设计规范：GB 50084—2017 [S]. 北京：中国计划出版社，2017.

[21] 国家质量监督检验检疫总局. 自动喷水灭火系统 第2部分：湿式报警阀、延迟器、水力警铃：GB 5135.2—2003 [S]. 北京：中国标准出版社，2004.

[22] 国家市场监督管理总局，国家标准化管理委员会. 自动喷水灭火系统 第7部分：水流指示器：GB 5135.7—2018 [S]. 北京：中国标准出版社，2018.

[23] 国家质量监督检验检疫总局，国家标准化管理委员会. 自动喷水灭火系统 第21部分：末端试水装置：GB 5135.21—2011 [S]. 北京：中国标准出版社，2012.

[24] 国家质量监督检验检疫总局，国家标准化管理委员会. 自动喷水灭火系统 第10部分：压力开关：GB 5135.10—2006 [S]. 北京：中国标准出版社，2006.

[25] 国家质量监督检验检疫总局，国家标准化管理委员会. 自动喷水灭火系统 第14部分：预作用装置：GB 5135.14—2011 [S]. 北京：中国标准出版社，2012.

[26] 彭海清，高乃云，周雪松，等. 上海地铁石门一路站的消防设计 [J]. 中国给水排水，2003，19（2）：91-92.

[27] 住房和城乡建设部. 消防设施通用规范：GB 55036—2022 [S]. 北京：中国计划出版社，2022.

[28] 国家市场监督管理总局，国家标准化管理委员会. 城市轨道交通消防安全管理：GB/T 40484—2021 [S]. 北京：中国标准出版社，2021.

[29] 应急管理部. 城市轨道交通消防安全管理：XF/T 579—2005 [S]. 北京：应急管理出版社，2006.

[30] 国家质量监督检验检疫总局，国家标准化管理委员会. 消防联动控制系统：GB 16806—2006 [S]. 北京：中国标准出版社，2007.

[31] 住房和城乡建设部. 细水雾灭火系统技术规范：GB 50898—2013 [S]. 北京：中国计划出版社，2013.

[32] 应急管理部. 细水雾灭火装置：XF 1149—2014 [S]. 北京：应急管理出版社，2014.

[33] 建设部，国家质量监督检验检疫总局. 气体灭火系统设计规范：GB 50370—2005 [S]. 北京：中国标准出版社，2006.

[34] 国家质量监督检验检疫总局，国家标准化管理委员会. 火灾分类：GB/T 4968—2008 [S]. 北京：中国标准出版社，2009.

[35] 建设部，国家质量监督检验检疫总局. 建筑灭火器配置设计规范：GB 50140—2005 [S]. 北京：中国计划出版社，2005.

[36] 住房和城乡建设部. 建筑灭火器配置验收及检查规范：GB 50444—2008 [S]. 北京：中国标准出版社出版，2008.

［37］国家市场监督管理总局，国家标准化管理委员会．消防炮：GB 19156—2019 ［S］．北京：中国标准出版社，2019．

［38］陈同刚．地铁消防安全管理 ［M］．天津：天津科学技术出版社，2018．

［39］国家质量监督检验检疫总局，国家标准化管理委员会．自动跟踪定位射流灭火系统：GB 25204—2010 ［S］．北京：中国标准出版社，2011．

［40］应急管理部．消防机器人 第1部分：通用技术条件：XF 892.1—2010 ［S］．北京：应急管理出版社，2010．

［41］住房和城乡建设部．建筑防烟排烟系统技术标准：GB 51251—2017 ［S］．北京：中国计划出版社，2018．

［42］国家质量监督检验检疫总局，国家标准化管理委员会．地铁安全疏散规范：GB/T 33668—2017 ［S］．北京：中国标准出版社，2017．

［43］黄朝广．建筑消防 ［M］．武汉：华中科技大学出版社，2022．

［44］杨波．灭火器实用手册 ［M］．上海：上海科学技术出版社，2021．

［45］中国消防协会．消防设施操作员：基础知识 ［M］．北京：中国劳动社会保障出版社，2019．

［46］中国消防协会．消防设施操作员：初级 ［M］．北京：中国劳动社会保障出版社，2019．

［47］中国消防协会．消防设施操作员：中级 ［M］．北京：中国劳动社会保障出版社，2019．